文章を読む、書くのが楽しくなっちゃう本

著：QuizKnock

朝日新聞出版

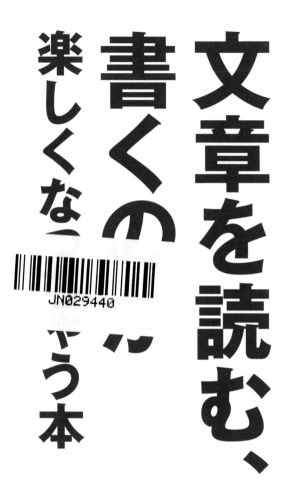

はじめに

QuizKnockの『文章を読む、書くのが楽しくなっちゃう本』を手にとっていただき、ありがとうございます。この本は、『勉強が楽しくなっちゃう本』に続く課外授業シリーズ第二弾になります。このプロローグでは、本書の狙いや本書に込めた思いを少しだけお伝えしたいと思います。「この本を読む！」と決めた方は、読み飛ばしていただいて大丈夫です。もし、手にとってはみたものの、まだ中身を読むかどうか迷っている方がいたら、このプロローグだけでも読んでみてください。

この本は、多くの人が文章に対して持っている「読めない」「書けない」という不安を解消するために書かれました。文章は、他の人が考えていることや感じたことをあなたが受けとったり、あなたが考えていることや感じたことを他の人に伝えたりするための道具です。この道具の使い方にもっと自信を持ってもらうことが、この本の目標です。中学生や高校生のみなさんを意識した内容になっていますが、大学生や社会人のみなさんが読んでも、これまでとは違った視点で文章に向き合い、楽しむことができる内容になっていると思います。

文章を読むことは、他人を理解し、あなたの世界を広げていくことです。文章を書くことは、あなた自身のイメージをはっきりと描き出して、他人に認めてもらうことです。それだけに、「読めない」「書けない」という自覚は、強いコンプレックスになりやすい一面があると思います。そんなときに、「完璧に読まなきゃいけない」「きれいに書かなきゃいけない」と言われてしまうと、文章に触れるのがどんどん楽しくなくなってしまいますよね。

とりあえず読む、とりあえず書く。そんなふうに文章と向き合って、自分なりに楽しむための方法をこの本ではお伝えしようと思っています。文字ばかりのページが苦手な人はマンガの部分から、もっと詳しく知りたい人は本文まで目を通してみてください。気が向いたら、たくさん収録したワークシートを活用して、読んだり書いたりするために利用してみてください。

少しでも手を動かしてみると、前よりも何かがわかりそうな感覚が得られるかもしれません。それが言葉の力です。言葉を使うことで、自分のことが、他人のことが、世界のことが前よりも少しだけわかってくる。そんなふうに自分の変化を実感する楽しさを、みなさんにお届けできればと思っています。

QuizKnock

Contents

目次

PART 01 文章を楽しく読むために

{PART} 02 文章を楽しく書くために

【STAFF】
デザイン　加藤京子（Sidekick）
デザインアシスタント　川北薫乃子（Sidekick）
マンガ　関 和之（株式会社ウエイド）
撮影　東川哲也（朝日新聞出版写真部）
ヘアメイク　タナカミホ
DTP　株式会社Office SASAI
校正　株式会社ぷれす
編集・執筆協力　田村正資、鈴木愛翔
企画編集　松浦美帆（朝日新聞出版）

【特別協力】
井上幸大、今田 薫、大野真門、荻沼美咲、
佐原由梨、清水龍之介、西山智貴、
野津やよい、花本想良、松田晋太郎、
横谷由宇、吉川実希

本書の使い方

まずは、各PARTの冒頭マンガを読んで、大まかな主旨をつかみましょう。次に本文を読んで内容を深めるためのワークに挑戦してみましょう。「文章を読む、書くのが楽しくなっちゃう」のに役立つQuizKnock独自の工夫が盛りだくさんです。

Point 1

本書の冒頭、各PARTの冒頭にQuizKnockメンバーが登場するマンガを盛り込みました。そこで各PARTの大まかな主旨をつかみましょう。PART01「文章を楽しく読むために」から読み進めても、PART02「文章を楽しく書くために」から読み進めても、どちらでもOK。

文章を読む、書くのが楽しくなれば、もっと世界は広がるはずだよ!

Point 2

本文を読んだり、ワークを実践したりしてみましょう。PART01では論説文や小説文の読み方、PART02では感想文や小論文の書き方についての思考法やテクニックを盛り込んでいるので、ぜひとも役立ててみてください。文章を読む、書くことへの認識がアップデートされていくでしょう。

Point 3

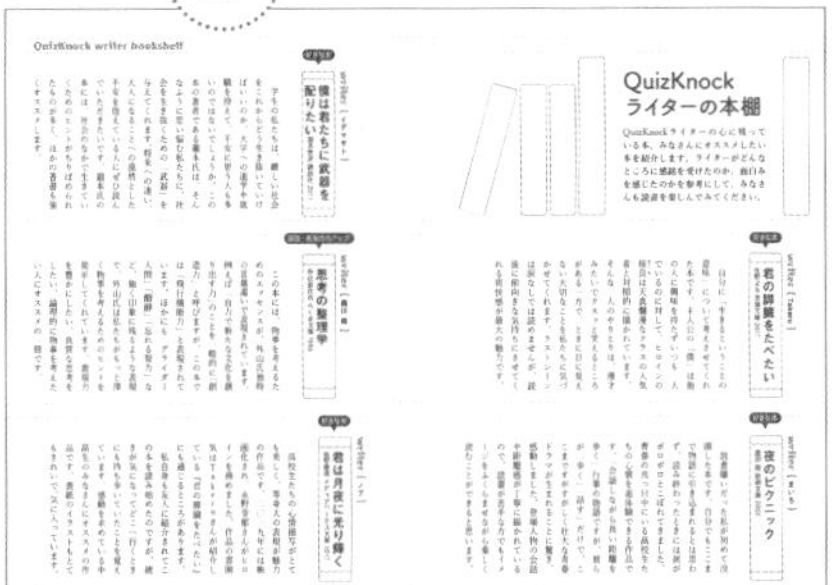

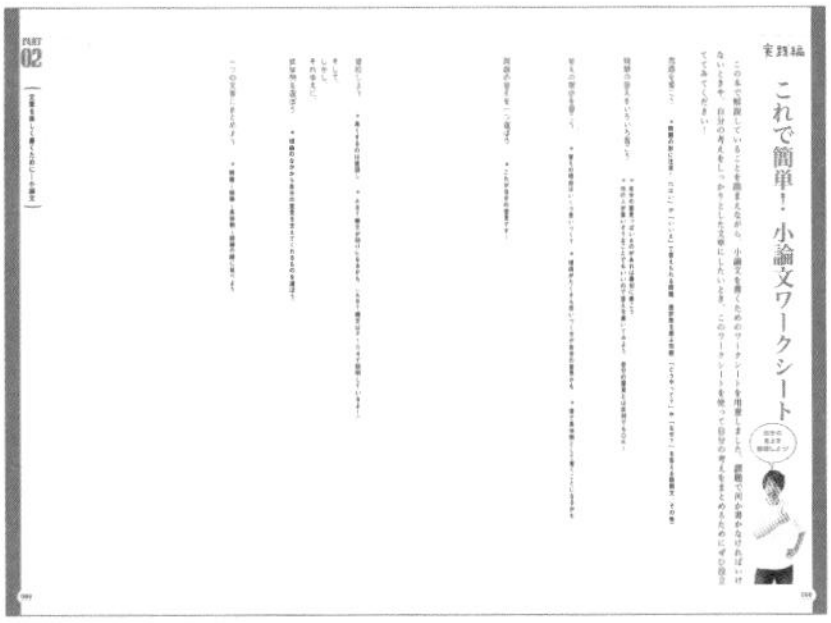

「読書の幅を広げるためのワークシート」「QuizKnockライターの本棚」「クイズの問題文を『書く』ときのポイント」などなど、QuizKnockならではのコラムをふんだんに盛り込みました。「文章」と「クイズ」との共通点も発見できるはずです。

QuizKnock メンバー紹介

二〇一六年一〇月、東京大学クイズ研究会の有志で立ち上げたWEBメディア「QuizKnock」。二〇一七年からはYouTubeチャンネルでも活動を開始し登録者数も急上昇中。月間PVは七〇〇万、YouTubeチャンネル登録者数は一四五万人を突破（二〇二〇年九月現在）。ここでは、本書に協力してくれたメンバーをご紹介します。

伊沢拓司

東大クイズ王の伊沢拓司です！　クイズプレイヤー、YouTuber、そして㈱QuizKnockのCEOとして活動しています。東京大学経済学部在学中にWEBメディアQuizKnockを立ち上げました。趣味はサッカー観戦やギター。中学時代からクイズを愛し、『高校生クイズ』で二連覇。日々クイズを楽しみ、どうすればもっと楽しくなるかを考えて今に至ります。何かを面白がること、面白がっている人に話を聞いて面白さを知ることが、僕にとっての全てのスタート地点です。

須貝駿貴

こんにちは、ナイスガイの須貝です！　東京大学教養学部卒、東京大学大学院総合文化研究科に在籍しています。専門は物性理論で、主に超伝導について研究しています。QuizKnockでは動画に出演する他、みなさんのところにお話をしに行くための原稿を考えたりしています。好きなものや趣味はたくさんありますが、それをなぜ好きになったかといえば、好きになる前の「気になる」の時点で徹底的に調べるオタク気質だからだと思います。

山本祥彰

QuizKnockの山本祥彰です。YouTube動画の企画・出演・編集、謎解きの作成などの業務を行っています。多くの人に面白いと思ってもらえるクイズや企画、謎解きを作れるよう、日々アンテナを張って生活しています。最近の趣味は読書をしながらクイズを作ることで、自分の理解を深めたり、ふとした発見を他人と共有したりするためにもクイズを活用しています。

乾

QuizKnockライターの乾です。東京大学経済学部に在学中で、学生団体FairWindの代表も務めています。普段はクイズ記事を中心に、さまざまな記事を執筆しています。好きなものはラーメンと猫です。それと「できるようにすること」が好きです。受験勉強を通して得た「できないことをできるようにする」経験の楽しさを伝え、勉強以外の分野においても、何かをがんばるみなさんのコツをつかむためのヒントや励みになったらいいなと思っています。

【QuizKnock協力メンバー】
まいち、イデマサト、森川舜、Takeru、サワラ、あさぬま、Yoshida、1758、セチ

QuizKnockメンバーのアシスタントキャラクターであり、自称クイズの妖精!? QuizKnockメンバーと一緒に中高生に文章を読む、書く楽しさを伝える「目的と機能」を果たすために奮闘するものの、空回りしてしまうことも。

アシスタントキャラクター
九伊豆
ノクの助左衛門

ノブ

QuizKnockライターのノブです。東京大学教養学部に在学中で、興味のある分野は心理学です。QuizKnockでは動画編集、記事の執筆、イベントの運営に携わっている他、動画にもたまに出演しています。面白そうなことには何でも首をつっこみたくなる性格が昂じて、今回の書籍執筆にも関わらせていただきました。この本が、文章を好きになるきっかけや、文章を書きたいと思う人の後押しになることを願っています。

マンガの登場人物

本書のマンガに登場する仲間たちを紹介します。QuizKnockメンバーのレクチャーを受けるなかで「文章を読む、書くことへの認識」がどんどん変わっていきます。その変化をマンガのストーリーとともにお楽しみください。

太郎
高校2年生男子。中高一貫校でアカペラサークルに所属している。建築家を目指して、デザイン・建築関係の本を読むなど日々勉強に励んでいる。文章を読むこと、書くことに苦手意識を持っている理系男子。

ハル
中学1年生女子。太郎の後輩で同じアカペラサークルに所属。小説好きの文系女子。毎日日記やメール、LINEで文章を書いているが、人に読ませる「文章表現」に自信が持てない。QuizKnockのファンで彼らの本を愛読している。

アカペラサークル
部室
カチャ…
太郎さん
お疲れさまです！
何の本を読んでるんですかぁ？
ん？
ああ…
これかい？
パタム！
日本の有名建築デザイナーの本を読んでいるんだ。
キラー
ぼかぁ将来建築家になるのが夢だからね☆
すごいだろ？
そんな難しそうな本、太郎さんわかるんですか？
ま…まあ全然頭に入ってこないのは認めるけど…
言い方にトゲがないかな？
ティー…ン
ハルちゃんって読書好きだったよね？
こういう本は読まない？
んー…

私、小説が好きなんです。
自分もこんなふうに文章が書けたらなって思ってます。
そうなんだ!? 自分でも文章を書いたりするの?
たまに…
でも書くことにあんまり自信が持てなくて…
自分の言いたいことをうまく相手に伝えることができないんです…
来月、校内の「作文コンクール」に応募しようと思ってるんですけど、
なかなか筆が進まなくって…
そっか…
……。
……。
せ…先輩として何かアドバイスを…
ドキドキ
ドキドキ
ドキドキ
ドキドキ
どうしよう…何一つ思いつかない…

伊沢サン！何やってるデスか！
ドキィ
はいぃぃぃ…！すみません…！
え…？伊沢さん？ぼくは太郎…
タターッ
外から聞こえましたよね？
ガチャ
ガン！
あいたっ！
あーっ！
ごめんなさい！
ヂヂ〜ン
THE NORTH FACE

あ…！
あなたは…！
ぼくデスか？
ぼくは
九伊豆《くいず》ノクの助左衛門《すけざえもん》！
こう見えてクイズの妖精デス！
スミマセンが、握手は
受け付けてないデス！
サインくらいでしたら
してあげないことも…
へ…？
ぎゅむ…
く…
QuizKnockの
伊沢さん！
わーっ♪
いてて…
や…やあ
こんにちは…
バ

マジで?

伊沢…さんてあのYouTuberの?

大ファンです!伊沢さんの本も愛読しています!

あはは…ありがとう。

話は聞かせてもらったよ!

二人とも「読むこと」と「書くこと」について悩んでいるようだね?

ちょっと待つデス!

あっ!そうそう!

僕は建築デザインの本を読んでるんですけど難しい言葉や専門用語がたくさん出てきて、挫折しそうなんです。

ちょっと!

待つデス!

私は作文コンクールに応募しようと思っているんですけど、自分の気持ちをうまく言葉にできないんです。

ふむ…せっかくだから
そもそもの「文章」について…
僕たち
QuizKnockと
一緒に考えてみない？
はい！よろしくお願いします！
待つデスぅ！
聞いてよー
はぁ〜…
な〜に〜？
そ〜？
ぼくが悪いの？
伊沢サンはとっても忙しいのデス！
通りすがりの中高生のお悩みを解決してるヒマはないのデス！
まあまあ
いいじゃないか
ノクの助左衛門。
QuizKnockは
僕だけじゃないし、みんな
力を貸してくれるさ。
ノクの助も
手伝ってよ。
はーい。
THE・素直！

太郎くんは、本を読んでいて文章のなかで迷子になってしまっているんだね。

ココどこ!?

そんな感じです。

そもそも、文章を完璧に読める必要はないのデス。

完璧に読もうと思っていると、難しい言葉が出てきたり、長い文章になっただけで疲れてしまうデス。

そんなときは、自分が何のために読むのか、文章がどんなパーツでできているのか。

つまり、文章の**目的**と**機能**を見つけられるようになることが大切なんだ。

「**目的**」と「**機能**」か…

ハルさんは、「感想文」に苦戦しているんだよね？

では、「感想文」を何のために書くのか、考えたことはあるかな？

そこまで考えたことはないです。

自分が書く文章で何をしたいのか、そのためにはどんな部品が必要なのか。

ジャラァ…

書きはじめる前に文章の「はたらき」を考えてみるだけで、進み方がきっと変わってくるよ。

「はたらき」ですか…

「文章が何のために書かれているのか？」「文章を何のために書くのか？」をよく考えるデス。

文章には触れていても、文章の「目的」や「機能」、「はたらき」について考えたことなかったなあ。

CAP

これらをもっと深く考えてみると、文章に取り組むときの姿勢も変わるはず。
文章を今よりも楽しく、読んだり書いたりできるようになるよ。
この本を通して、僕たちQuizKnockと一緒に考えてみよう！
おおっ!!
ところで…
クイズの妖精って何…？
たしかに…
クイズという概念に妖精がいるのか…？
!!
ガビーン

{PART} 01

文章を楽しく読むために

「目的」と「機能」かー…
伊沢さんはああ言ってたけど、
わかったようなわからないような…
…というか、
何でまだいるの？
伊沢さんはどうしたのさ？
テレビ番組の収録デスぅ。
お悩みを解決してるヒマはなかったのでは？
それは伊沢サンの話デス。
ぼくはヒマデスぅ♪
伊沢さんはいないのかぁ…
もーダメだぁ…
あきらめるのはまだ早いデス！
はあぁぁぁ

やあ！太郎くん！
パアッ
はじめまして！
あの…？えーと…？
スミマセン…どちら様で…
ナイスガイの須貝《すがい》です！
ドーン！
おおっ!?

こんなこともあろうかとぼくが助っ人を呼んでおいたデスよ。
あ！
ああ〜っ！
ナイ「須貝」!?
聞いてる!?
QuizKnockの須貝サンと…
乾《いぬい》サンデス！
イエーーーッ♪
「文章を読めるってどういうことか」しっかりレクチャーしてもらうデス！
今よりも文章を深く理解し、もっと楽しくなるようにお手伝いするよ。
ありがとうございます！

今、日本の有名建築デザイナーの本を読んでるんですけど…
鞘管ヘッダー工法
パーカライジング法
劣化対策等級
枠組壁工法
引き独鈷
難しい言葉や専門用語がたくさん出てきてやんなっちゃうんです。
わかるな〜！
ウンウン
僕も物理学の研究で難解な論文を読むことが多いからね。
難しい言葉が出てきたり、長い文章になると、一気に読めなくなるような感覚になるんだよなー。
その「不安感」をどうにかしたいよね。
ギャ〜ズ!!
はい…まさに迷子中でして…
文章は、一文一文を完璧に読む必要はないんだ。
難しい文章を難しく感じる理由は、どんなことが書かれているのかまったく予測がつかないからだよね。
でも、少しでも予測できるように準備をすれば、難易度が下がるはずなんだ。
ギッパア

文章の「目的」と「機能」に注目すれば、内容の予想も簡単になるはずさ。
出たっ！
「目的」と「機能」！
映画やドラマを楽しむときのことを考えてごらん。
あらかじめどんな「ジャンル」の作品かを知っておくと、ストーリーの流れを予想しやすくなるでしょ？
ジャンル ラブサイコスリラー
チェン
親のカタキ
ファーガソン
命の恩人
トマソン
モキチ
親のカタキ
あくのそしき
ダニエル
親友
親のカタキ
ジェニファー
タカシ
作品の「ジャンル」を把握しておくと登場人物の人間関係も把握しやすくなるよね。
かくじつにつまんなそ…
ジェニファー…
そういえば、マンガを読むときもストーリーの展開を予想しながら読んでるなあ…
素晴らしい！
文章においても同じことが言えるんだ。

つまり、**文章の目的（ジャンル）**と**機能（登場人物）**を意識すれば、完璧に全文を読まなくても予測ができて内容もつかみやすくなる！

ドーン！

僕はコッチ…

カメラ目線ってやつデスね…

ソッとしておくデス…

予測はあっていても外れていてもいいんだよ。

あっていれば「予想通りだ！つまり次は……」とさらに予想がはかどるし、
外れても「あ～こうきたか！」と思えれば、その内容は強く印象に残っていくよね。

どっちもハズレデス！

なるほど…

…だとすると、文章の展開を予測するための「ジャンル」って何ですか……？

今、太郎くんに知ってほしいのは、だいたいの文章は、国語の授業でよく言われる**「論説文」**と**「小説文」**に分けられる、ということだね。

論説文
小説文

論説文は「自分の意見を伝えて、説得するための文章」。小説文は「ほかの誰かの体験をシェアするための文章」と言えるかもしれないね。

へ〜っ
クルッ
そういう二つのジャンルのなかにお決まりの役割を持った段落や文が登場してくるんだ。

そんなふうに考えれば、「この段落は何をするのか？」や「この文は何を言おうとしているのか？」の予想ができるようになってくる。

文章の「目的」と関係のある「段落」をしっかり見極めれば難しい文章を読むことのハードルはぐっと下がるんだ。

「完璧に読もうとする習慣」を取り払い、「機能的に読む習慣」を身につければ、難しい文章や長い文章への苦手意識は払拭されるはずだよ。

おお〜っ！「機能的に読む習慣」！

身につけたいです！

文章読解にもメタ的な視点が大切なんだ。

詳しくは、P28以降を読んで理解を深めてみてね。

途中であきらめかけた建築デザインの本も、「目的」と「機能」を意識して、もう一度挑戦してみます。

がんばってね！

っとその前にー……

？

じ～～っ
このよくわからないパンダの「目的」と「機能」を見つけなければ……

何を言ってるデス！

アセ
アセ
ぼくにはこのマンガを少しでもとっつきやすくかつ楽しめるようににぎやかすという「目的」と「機能」が…！

メタ的な視点だね…

introduction

文章を読むってどういうこと？

「文章の目的と機能」という視点を獲得しよう

PART01の目的は、「文章を読む」とはどういうことなのか、みなさんに今よりも深く理解してもらうことです。この作業を通じて、みなさんにもっと文章を楽しむための視点をお伝えします。

文章とひとくちに言っても、いろいろな種類があります。SNSやメールでやりとりするもの、まちなかで見かける広告文、本にぎっしりと詰まった文章……。この章でみなさんと一緒に考えたいのは、本で読むような長い文章にくじけることなく、そしてなるべく楽しく読むための方法です。

私たちは普段からいろいろなところで文章に触れています。それでも「長い文章だと集中力が続かない」「本を読むのは苦手」という人は多いですよね。また、「簡単な文章なら読めるけど、知らない言葉が出てくると読めなくなる」とか「なんとなく読めるけど、筆者が何を表現したいのか、何を言いたいのかまではわからない」といった人も多いのではないでしょうか。

文章が長くなったり、使われている言葉が増えたりすると、「ちゃんと読めていないかもしれない」という不安にぶつかることが多くなります。あなたが今、手にとっているこの本は、そんな不安を和らげるために書かれました。**長い文章や難しい文章には、短い文章や簡単な文章とは違ったやり方で取り組む必要があります。その違ったやり方を意識することで、前よりもっと気楽に、楽しく読めるようになるはずです。**

文章の読み方にただひとつの「正解」はありません。ただ、「正解がない」ことは決して、「間違いがない」ということではありません。実際に、私たちは文章を読むときにたくさん間違えています。間違えてしまったときには、学校の成績が下がったり、友人や恋人との関係が悪くなってしまったり、自分のやってきたことが無駄になってしまったりします。だから、**今よりも間違いを減らせるような、自分で間違いに気づいて直していけるような、そんな視点をこれからみなさんにお伝えしていきます。**

間違いを直していくためには、「なぜ間違えてしまうのか」を考えなければいけません。間違いに気づくために必要な視点としてこの本で伝えたいメッセージは、実はたった一つです。それは、**「文章の目的と機能に注目しながら読んでみよう」**ということです。文章の量が増えたり、難しい言葉が登場したりしたときに、私たちは不安になります。その文章が何を言いたいのかわからなくなって、迷子になってしまいます。そんなときの目印が、**「文章の目的と機能」です。**この文章がなんのために書かれているのか、筆者がこの文章で何をしようとしているのか。**それをあらかじめ確認しておくと、文章が長かったり、知らない言葉が出てきたりしても、迷子になることなく先に進んでいけるようになります。**

ここからは、みなさんが「文章の目的と機能」という視点を獲得して、もっと気楽に文章を読めるようになるためのお話をしていきたいと思います。

introduction

文章のなかで迷子にならないために

「どんな目的で書かれた文章なのか」を考えよう

「文章の目的と機能」という視点を持つことができれば、今よりも間違わずに文章を読んでいけるようになる。この主張には、二つのポイントがあります。一つは、文章を読むときに**「完全に理解しよう」と考える必要がなくなること**です。そしてもう一つは、**長い文章や難しい文章を上手に読み飛ばすことで、もっと気楽に文章と向きあえるようになること**です。順番に説明していきます。

まずは、文章の目的について考えてみましょう。**文章の目的とは、「筆者がその文章で何をしたいのか」もしくは「あなたがその文章から何を受けとりたいのか」です。**これは、文章の種類やあなたが文章と向き合う場面によって変わります。小説の主な目的は、読者を楽しませたり感動させたりすることであって、専門的な知識を与えることではありません。だから、私たちは知らない土地や道具が登場しても、そんなに気にしません。ほかにも、クイズで出題された問題の答えが知りたくて専門的な本で調べているとき、その本に書かれている難しい理論をあなたが理解する必要はありませんよね。クイズの答えがどれかさえわかれば、後の部分がちんぷんかんぷんでもいい。

もし、あなたが文章をこういうふうに読めるとしたら、それはあなたが文章の目的を理解できているからです。

逆に、目的がわからない文章に出会ってしまうと、誰でも迷子になってしまう可能性があります。その主な原因が、「完全に理解することが文章を読むことだ」という幻想です。一度そう思い込んでしまうと、知らない言葉が出てきたり、文章が長くなったりした途端に、読む気持ちがなえてしまいます。しかし、完璧を目指すほど、「読めた」という感覚よりも「読めない」という気持ちばかりが大きくなって、文章を読むことが苦痛になってしまいます。**「文章を完璧に読まないといけない」。そんな呪いを断ち切るために、「この文章はどんな目的で書かれているのか」「この文章を私は何のために読むのか」と目的について考えてみることが大事なのです。**

次に、文章の機能について考えてみましょう。先ほどの目的は、文章の全体について考えられていました。それに対して機能は、文章のなかのいろいろな部分が持つはたらきのことを指します。もっともわかりやすい例が「段落」です。

知らない言葉が出てきても、それぞれの文章を完全に理解できなくても、段落ごとの機能を考えてみると、どこを「ちゃんと読むべきか」が見えてきます。

例えば、二〇〇〇字の文章が五つの段落に分かれていたとします。ほしい情報がわかっていれば、次はその目的と関係のある段落を見つければいい。二〇〇〇字をしっかりと読むよりも、五つのパーツから、目的に合ったものを探す方が簡単そうな気がしませんか。

文章の目的と関係する段落をしっかりと見極めれば、文章を読むことの難しさはぐっと下がります。

こんなふうに、「文章の目的と機能」という視点を持つと、これまで読めなかった、読みにくかった文章にも向き合えるような気がしませんか。

introduction 文章のジャンルと登場人物について考えよう

文章のジャンルと登場人物が予測できれば、流れがつかみやすくなる

文章を迷わずに読み進めるために、**「文章の目的と機能」**に注目してみよう。そんな話をここまでしてきました。とはいっても、これは言われてすぐできるようなことではありません。初めて読む文章を目的や機能に分解していくことは、もし何の準備もなしにやろうとするのならば簡単なことではないでしょう。

ところが、私たちは似たようなことを普段からやっているのです。しかも、文章とは関係ないところで。

映画やドラマのような映像作品を楽しむときのことを考えてみましょう。その作品がどんなジャンルのものかをあらかじめ知っておきたいと思う人は多いですよね。これは、自分の好みに合ったものを観たいから、というのが理由だと思いますが、**ジャンルをあらかじめ知っておくことは作品をスムーズに理解するときにも重要になってきます。**

例えば、ミステリー作品だとあらかじめ知っていれば、必ず出てくるといってもいい「犯人」「被害者」「探偵」が誰なのかを予測しながら観ることができますし、ラブロマンス作品だと知っていれば、どの人物たちが三角関

係になるのかしら、と期待しながら観ることができます。作品について事前に何の情報もない状態で「これはいったいどんな作品なんだろう？」と考えながら観るよりも、**あらかじめどんなジャンルの作品かを知っておくと、実際に観たときに、ストーリーの流れがわからなくなって、混乱することが少なくなります。**

これと同じことが文章でも言える。それがここで伝えたいメッセージです。作品のジャンルが、文章の目的にあたります。**それがどんな目的を持った文章なのかを考えて、そこにどんな機能を持った登場人物（つまり、段落や文）が出てくるのかをあらかじめ予測しながら読むことで、文章を理解するための難易度がグッと下がります。**

とはいえ、そのためには「ミステリーなら探偵や犯人が出てくるだろう」とか、「ラブロマンスなら恋のライバルが出てくるだろう」といった知識を持っている必要があります。なので、ここからはみなさんが読む文章のジャンルを大きく二つに分けて、それぞれのジャンルにどんな機能を持った登場人物が出てくるのかをご紹介しようと思います。

その二つのジャンルというのが、国語の授業でよくいわれる「論説文」と「小説文」にあたります。ですが、この言い方だとまだそのジャンルの文章がどんな目的を持っているかわかりづらいので、この本のなかでは次のように言い直そうと思います。すなわち、**「書き手の意見を伝えて、説得するための文章」と「書き手の体験をシェアするための文章」**です。これが、論説文と小説文の目的だと考えてみたときに、どんな機能（登場人物）が必要になるでしょうか？　それを、ここから一緒に考えてみましょう。

#01

論理的な文章を読むときに心がけたいこと

ポイント

☑ 相手の主張を正確に理解するために「聞き上手」になろう

論説文とは、筆者が自分の主張をあなたに納得させるための文章

みなさんは論説文に対してどのような印象を持っているでしょうか。「難しくて読む気にならない」「小説は好きだけれど、論説文は苦手」という印象を持っている方もいると思います。

しかしながら、論説文の目的を考えれば苦手意識のもととなっている「長い文」や「難しい語彙」には必ずしも向き合う必要がないことがわかってきます。論説文の目的、それは「**自分の主張を伝えた上で、世の中の人にその主張を納得させること**」です。

少し身近なところから考えてみましょう。あなたが友人と旅行で東京に行くか京都に行くかを相談している場面を想像してください。みんなの意見が割れているときに、どうしても東京に行きたいあなたはどんな行動をするでしょうか。「東京！　東京！　東京！」と連呼してもみんなの心は動かせないでしょう（一万回くらい連呼すれば渋々納得してもらえるかもしれませんが）。おそらく「ディズニーランドの新アトラクションに乗りたいから」「スカイツリーから東京の夜景を眺めたいから」と相手が納得してくれるような理由をつけて、東京に行きたいと主張するはずです。

実は論説文を書いている人の気持ちもこれとまったく一緒です。もし連呼するだけでみんなが納得するのであれば、論説文の筆者たちは紙面全ページを使って「和食最高！　和食最高！」や「幼少期からの英語教育！　幼少期からの英語教育！」などと書き続けるでしょう。

しかし、筆者の主張について考えたことがなかったり、そ

もそも筆者と意見が違う人たちはそれでは納得してくれません。だから、**主張の内容を細かく説明した上で、その考えに至った理由を一つ一つ並べて、読者に納得してもらえるような文章を書いているのです。**論説文を難しいと思っていた人も落ち込む必要はありません。筆者の主張を理解することに集中すれば、長い文を読む必要や難しい語彙を理解する必要は必ずしもないのです。ここでは、これまで難しいと思っていた論説文を普段の会話と同じような方法で理解するコツをお伝えしようと思います。ここでお伝えすることを意識することで、前よりも論説文が親しみやすくなるはずです。

自分の意見は一旦置いておいて、聞き上手になろう

さて論説文の目的は「筆者が自分の主張をあなたに納得させること」でした。では、その文章に対して、あなたがすべきことはなんでしょうか。それは、筆者の主張を聞いてあげることです。

まず論説文を読むときに常に大切にしてほしい考え方を二つお伝えするところから始めましょう。**一つ目は、論説文を読むときは聞き上手になれ、ということです。**聞き上手とは具体的には、自分の意見を言わないで、相手の言いたいことを理解してあげるということです。ここまで読んだみなさんはもうお気づきかもしれませんが、論説文を読むことは他人の会話を聞くことと同じです。相手が話しているときに、自分も話し始めてしまったら会話は成立せずにめちゃくちゃになってしまいます。論説文を読むときに自分の意見を持ちだしてしまうことは、相手の会話に割りこむことに他ならないのです。

人は見たいものを見て、信じたいものを信じてしまいがちです。「自分はこう思っているから、筆者もこう思っているであろう」と思い込んで文章を読んでしまう傾向は全人類に備わっているもので、注意しなければ誰でも陥ってしまう誤りです。だからこそ、聞き上手になることを意識してほしいのです。

自分の意見は一旦置いておいて、相手の主張だけを正確に理解する。これは、論説文だけでなく普段の会話にも重要な考え方です。

#02

文章は一〇〇%理解できなくても大丈夫

ポイント

☑ **わからない部分は読み飛ばし、テーマと主張を理解しよう**

文章は一〇〇％理解できなくても良い、ということです。これは特に論説文が難しいと感じている方に意識してほしい考え方です。論説文にはときによくわからない語句やどうしても何を言いたいのか理解できない段落などが存在します。世の中の論説文を書いている人が、みんな話し上手というわけではないので、そういう文章があるのはしかたがないことです。ただ、そんな文章に出会ったとき「何もわからない」という状態だけは脱してほしいなと思っています。しつこいようですが改めて確認すると、論説文の目的は「筆者が自分の主張をあなたに納得させること」です。

つまり、**どのようなテーマに対して、筆者がどういうことを主張しているのかさえ理解できれば、論説文は最低限読めた、と言えます。**わからない語彙などがあると、何もかもわからないような気分になることがあります。そういうときは

「何」に対して「どういう主張」なのかを理解できればOK

勘違いしてほしくないのは、**理解することと納得することは違うということです。**論説文で取り上げられるテーマは、ほとんどが意見が分かれていることです。なぜなら、みんなが納得していることは主張する必要がないからです（例えば、日本一高い山が富士山であることを主張する必要はありません）。だから、相手の話を聞いた上でそれでも違うと思うことは問題ありません。

しかし、それは違うと思うためにも相手の主張を正しく理解することは必須です。**まずは、筆者の主張を正確にくみとってあげる姿勢を持つようにしましょう。**

論説文を読むときに大切にしてほしい考え方の二つ目は、

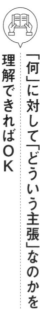

方向転換して、テーマと主張だけを理解するようにしましょう。

例えば、難しい単語が多用された、とても長い論説文を読むことになったとします。こういう場合でも、論説文を読んだ結果、「この筆者は、プラスチックゴミが環境を汚染するから、紙ストローの導入に賛成なんだ」というたった一文に内容をまとめることができていれば、「読めた」と言って良いのです。**テーマと主張、その二つだけを理解することができれば「読めた」と言える、そう考えると気が楽になってきませんか？**

序論でつまずいても、本論で筆者の主張を読みとれればいい

また、一〇〇%理解しなくてもいいんだという姿勢は、結果的に深い理解につながることもあります。**多くの論説文は序論・本論・結論という順番で書かれています。**そのなかでも最初に書かれる序論は、筆者が考えたことが短く凝縮された部分です。なので、具体例がなかったり、説明が省略されていたりして、実は一番読みにくい部分になっていることも多いのです。ふつう、論説文を読むときには、一行目から読み始めますよね。

それはすなわち、一番難しい部分から本を読み始めるということです。そのときに一〇〇%理解しなければと思っていると、難しい序論の部分でつまずいてしまって、筆者がわかりやすく書いてくれている部分までたどり着けなかった、なんてことになりかねません。一〇〇%理解しなくてもいいんだという姿勢は、わからないことは飛ばしてもいいという心の余裕を生み出します。序論ではわかりづらかった筆者の主張は、より丁寧に説明がなされた本論の部分から理解すればいいんです。**全てを理解しないことは、決してあきらめることではなく、筆者の言いたいことを理解してあげるための行為です。わからない部分は読み飛ばす勇気をぜひ持ってください。**

#03

筆者の主張を整理する

ポイント

問いかけや事実・具体例に続く文章に注目すると、文章のテーマや筆者の主張をつかみやすくなる

文章のテーマの探し方

ここまでは、論説文の目的と論説文を読むときの心構えについて説明してきました。ここからは、実際に論説文を読めたと言えるようになるために**「どのようなテーマに対して、筆者がどのような主張をしているのか」をつかむ**ことを目指していきます。

まず筆者が何を話題にしているか（文章のテーマ）をつかむためには、文章の前半を確認する必要があります。どんな議論や会話でも、話している内容が両者で違ったら、いくら素晴らしいことを話していてもまったく意思疎通ができません。これは文章でも同様です。だからこそ、**筆者は何について話したいかを最初に提示するのです。**

多くの論説文でテーマは二つのパターンのどちらかで提示されます。一つ目は問いかけ型です。こちらのパターンは疑問文を用いて、筆者からあなたにテーマについての意見を問いかけられます。問いかけを用いることで、読者に少しテーマについて考えさせ、注目させるための手法です。

二つ目のパターンは事実・具体例型です。こちらのパターンは、文章の最初の数段落が事実の記述や具体例である場合に当てはまります。問いかけ型と違って、何がテーマであるかをわかりやすく示してくれないので、テーマをつかむのが少し難しくなっています。この場合に注目してほしいのは、**事実説明や具体例の直後に来る文章です。そこには、その事実や具体例のどのような側面に注目してほしいかが表れてきます。**次の例を見てください。

事実説明や具体例の後に着目しよう

新型コロナウイルスが日本でも猛威をふるっている。連日のニュースでは、感染者数が増加していることが報じられ、マスクの着用や三密を避けた行動が呼びかけられている。このような状況のなかで、学生は対面授業からオンライン授業へ、社会人は会社への出勤からリモートワークへと生活様式の変更を強いられている。

①それに伴い、厳しい経営状況に立たされることになったオフィス街や学生街の飲食店は、どのような策を講じなければならないのだろうか。

②しかしながら、こうして普段の生活で関わる人数が極端に制限されることは、少なからず私たちに負の影響を与えている。

この文章は新型コロナウイルスの感染対策がなされる日本の現状という具体例から文章が始まっています。このような場合、第二段落の最初の文章が①か②かによってテーマは大きく変わってきます。

①の場合は「客足が遠のいた飲食店」が今後の議論のテーマとなることが予想されます。一方で、②の場合は「生活で関わる人数が減ること」というテーマに関して、それが人々に与える影響を議論することが予想されます。

このように、同じ具体例からも、続く文章によってテーマとしたいのかが変わってきます。**事実説明や具体例の後には、それらのどのような側面に注目してほしいかが続く文章によって示されます。**個別の具体例のなかに出てくる単語に惑わされず、筆者が何をテーマに議論をしたいのかをしっかりと見極めるようにしましょう。

#04

筆者の主張の探し方

ポイント

☑「二項対立」や「たしかに〜だが（譲歩）」の文章構造に注目しよう

筆者はあえて敵を作る

テーマを把握できたら、次に行うことは主張を探すことです。**主張を見つけるコツは「筆者の主張の敵を探すこと」です。**敵を探すというのは少し抽象的でわかりづらいと思うので、具体的に説明をしていきます。

冒頭で述べた例に戻りましょう。そこでは、旅行で東京に行くか、京都に行くかについての議論を取り上げました。このとき、東京に行きたい派の人がすることは「京都にはなくて東京にあるもの」を主張することです。このように、**何かの良さを主張するときには、それと比較する対象（＝敵）があると途端に主張がしやすくなります。**

ここでは敵の作り方として代表的な二つを紹介します。敵の逆が主張であるということを頭に入れた上で、敵を探していきましょう。

敵一　二項対立

二項対立とは、「A」と「B」という二つの相対する物事を並べて比較する手法です。次の例を見てください。

【二項対立の文章例】

アメリカの食事は、カロリーが高い。また多くの人が好んで飲むジュースには多量の糖質が含まれている。一方で日本の食事は、アメリカよりもカロリーが低いものが多く、また日本人の多くは糖質がほとんど含まれていないお茶を飲む。だから、日本でのメタボリックシンドロームの人の割合は、アメリカに比べて低い。

ここでは、「メタボリックシンドロームの防止」というテーマに関して、「日本の食事様式が優れている」ことを主張しています。その主張を強めるために、アメリカの食事様式を比較対象として、アメリカの食事様式（＝敵）の良くない点を指摘し、アメリカの食事様式にはない、日本の食事様式の良い点を主張しています。

このように二項対立の文章では、二つのものが比較され、敵の悪い点、良くない点、デメリットを挙げた上で、敵にはない自分の主張の良い点、メリット、優れている点を説明します。

「しかし」「一方で」の後に主張がある、と習った人も多いと思いますが、これは論説文が二項対立を使っているからに他なりません。**相手の弱点を指摘した上で、その逆の自分がいかに優れているのかを強調しているのです。**

敵＝たしかに～だが（譲歩）

二項対立は、文章全体を通して使われる手法ですが、一文レベルでもっと簡単に主張を発見するヒントとなるキーワードがあります。それは**「たしかにAだが、B」です。この構文を見つけた場合、ほぼ一〇〇％の確率でAが敵となり、Bが筆者の主張となっています。**このような手法を「**譲歩**」と言います。譲歩とは、自分の主張を一旦置いておいて、敵の主張を部分的に認めることです。

議論と論説文は、いずれも相手を納得させるための行為ですが、その二つには大きな違いがあります。それは、議論は相手からも主張や反論がなされますが、論説文は一方的に主張を伝えることしかできないということです。だからこそ、**筆者はもし議論をする場合だったら、相手からツッコまれると予想される反論にも触れておく必要があります。**

譲歩では、Aに予想される反論が入り、それに対してBで再反論が行われます。P34-35で聞き上手になることの重要性はお伝えしました。譲歩では、筆者自身が聞き上手になって相手の話を聞いています。その上で、違うと思ったから、改めてBという主張をしているのです。だから、譲歩はBに筆者の主張が表れてきます。

#05 筆者の主張を補強する

ポイント

☑ 筆者の主張を補強する事実やデータ、具体例に着目しよう

根拠のない文章は納得してもらえない

ここまでは、論説文のテーマと筆者の主張を確認することに努めてきました。最低限「読める」ことを目指すときには、根拠や具体例というものは必ずしも必要ではありません。論説文にとても苦手意識を持っていた人は、ここまで書いてきたことが達成できれば、最初の壁は確実に突破できています。

しかしながら、P34-35でも述べた通りテーマと主張だけでは読み手を納得させることができないのもまた事実です。そのため、**論説文には読み手に納得してもらうために、主張を補強するための根拠や具体例がいくつも使われています。**

そこで、ここでは、主張を補強するために論説文で使われている手法を紹介します。

主張の補強① 事実やデータを使う

主張にもっとも説得力を持たせる方法は、その主張を成り立たせている事実やデータを示すことです。逆に言えば、事実やデータは強い根拠となりやすいため、それが本当に正しいか、都合の良いように解釈されていないかには注意をはらう必要があります。以下の例はそれぞれ一文目が主張、二文目がその補強となっています。

【事実やデータを使う例】

・今回の定期試験の問題は難しくなるだろう。なぜなら、A先生の作る課題はいつも難しいからだ。

・日本の少子化が進んでいる。このことは、日本における出生数が年々減少していることから明らかである。

事実やデータを見つけるためには「なぜなら」という接続詞がヒントになります。また複数の事実を列挙するときは「一つ目に、二つ目に」や「まず、次に」のような言葉が使われることもあります。

主張の補強②
わかりにくいものをわかりやすくする

先ほど示したのは、主張が正しいことを証明する方法でした。次に紹介するのは、それらとは少し違った具体例の用い方です。**具体例は筆者の主張や根拠をわかりやすくするためにも用いられます。**論説文では、難しい概念や抽象的な内容が記述されることがあります。こういった「よくわからないこと」を身近でなじみのある内容を用いて、より多くの人に納得してもらうために具体例は使われています。次の例を見てください。

【抽象的な内容を具体例で説明している例】

時間というものは、一定ではない。例えば、好きな人とデートをしているときは一日が一瞬で過ぎ去ってしまう。一方で、授業終了五分前からの時間は、本当に五分とは思えないほど長いものである。

このように一見わかりにくい「時間は一定でない」という内容も、なじみのある例を用いることで、筆者は「時間はそのときの気分や状況によって長く感じられたり、短く感じられたりする」ということを言いたかったのだ、と解釈をすることができます。このように、**読み手が自身の経験などを用いて文章の理解を深めるきっかけとなるのが具体例です。よくわからない部分に出会ったときこそ、具体例を探してみてください。**

また、これらの全てに共通するのが、根拠や具体例を見つけたらそれが補強している主張が何であるのかを確認してほしいということです。論説文に線を書きこめる場合は、根拠や具体例が補強している主張に対して矢印を書いてみると良いでしょう。

演習問題に挑戦

論説文を読み解くためのワークシート

ここまで、みなさんに「テーマと主張を捉えること」「主張の敵となる存在を見つけること」「主張の根拠や具体例を見つけること」をお伝えしました。みなさんのなかに論説文が読めるかもしれないという気持ちが多少なりとも生まれてきたでしょうか。ここではみなさんの思考の助けとなるように、この本でお伝えしたことをまとめたワークシートを用意しました。

ワークシートの使い方

1. 右の縦に長い枠にテーマを書き込む
2. 上の二つの枠に、主張とその主張と比較されている敵を書く
3. その下の枠に、主張と敵のそれぞれを補強している事実やデータ、具体例を書く
(評価がされているものは○や×をつけるとさらにわかりやすくなる)

演習問題

それでは、ワークシートを使った練習をしてみましょう。

問題　次の文章は「早押しクイズ」の特徴について論じた文章の一部です。筆者の主張と、筆者が反対している主張を取り出してみましょう。

いち早く答えに気づいたひとりに解答権を与えるというのは、一見合理的な形式のようでもある。しかし、知識の多寡[*1]を競うのであれば、全員に解答権のあるペーパークイズ[*2]やボードクイズの方が妥当だ。早押しクイズでは「押していない問題」について知っている必要はないので、得意な問題だけを答えて勝ててしまう。

逆に言えば、早押しクイズでは「知らないこと」が目立たない。衆目[*3]にさらされた壇上で無知が露呈するのは辛いシチュエーションだ。これもまた、早押しクイズが好まれる一因かもしれない。

早押しクイズでは発想力やひらめきを必要とする問題が出題されることもあるが、頭の回転を競いたいのであれば、これもまた不十分だ。パズルでも謎解きでも、もっと精度の高い形式がいくらでもある。

早押しクイズで競うことができるのは、結局のところ、それらの中間にある「早押しクイズでしか役に立たない能力」だ。問題文をなるべく早く理解し、先読みし、自らの知識と結びつけてボタンを押し、シンキングタイムを使って答えを吟味し、口に出す。この一連の流れに、クイズプレイヤーはことのほか高い価値を見ている。

徳久倫康（二〇二〇）「競技クイズとはなにか？」『ユリイカ　特集＝クイズの世界　青土社』P91-92

［注］
＊1 多寡―多いか少ないかということ
＊2 ペーパークイズ・ボードクイズ―いずれもクイズの形式。どちらの形式も解答権が全員にあり、一斉に解答を出すという特徴がある。
＊3 衆目―多くの人の目

テーマ

主張

主張と敵のそれぞれを補強しているような事実やデータ、具体例

⇔

主張と比較されている敵

ヒント

この問題のテーマは「早押しクイズでは何を競っているのか」という問いです。筆者はこの問いに関して何と答えているでしょうか。また、筆者が反対している主張（敵）は何でしょうか。敵は一つとは限りませんよ。次のページにワークシートの記入例と答えがあります。

いち早く答えに気づいたひとりに解答権を与えるというのは、一見合理的な形式のようでもある。しかし、知識の多寡[*1]を競うのであれば、全員に解答権のあるペーパークイズ[*2]やボードクイズの方が妥当だ。早押しクイズでは「押していない問題」について知っている必要はないので、得意な問題だけを答えて勝ててしまう。

逆に言えば、早押しクイズでは「知らないこと」が目立たない。衆目[*3]にさらされた壇上で無知が露呈するのは辛いシチュエーションだ。これもまた、早押しクイズが好まれる一因かもしれない。

早押しクイズでは発想力やひらめきを必要とする問題が出題されることもあるが、頭の回転を競いたいのであれば、これもまた不十分だ。パズルでも謎解きでも、もっと精度の高い形式がいくらでもある。

早押しクイズで競うことができるのは、結局のところ、それらの中間にある「早押しクイズでしか役に立たない能力」だ。問題文をなるべく早く理解し、先読みし、自らの知識と結びつけてボタンを押し、シンキングタイムを使って答えを吟味し、口に出す。この一連の流れに、クイズプレイヤーはことのほか高い価値を見ている。

徳久倫康（二〇二〇）「競技クイズとはなにか?」『ユリイカ　特集＝クイズの世界　青土社』P91－92

［注］
＊1 多寡 ― 多いか少ないかということ
＊2 ペーパークイズ・ボードクイズ ― いずれもクイズの形式。どちらの形式も解答権が全員にあり、一斉に解答を出すという特徴がある。
＊3 衆目 ― 多くの人の目

テーマ
早押しクイズでは何を競っているのか

主張
・早押しクイズでしか役に立たない能力

主張と敵のそれぞれを補強しているような事実やデータ、具体例
○早押しクイズは知らないことがあっても目立たない↓知識の多寡への反論
○問題文をなるべく早く理解して、口に出す一連の流れに高い価値を置いている

⇔

主張と比較されている敵
・知識の多寡
・頭の回転の速さ

×知識の多寡を競うには、ペーパークイズやボードクイズの方が妥当な形式
×頭の回転の速さを競うには、パズルや謎解きの方が精度が高い

ヒント　この問題のテーマは「早押しクイズでは何を競っているのか」という問いです。筆者はこの問いに関して何と答えているでしょうか。また、筆者が反対している主張（敵）は何でしょうか。敵は一つとは限りませんよ。次のページにワークシートの例と答えがあります。

答えと解説

筆者の主張：早押しクイズでは、早押しクイズでしか役に立たない能力を競っている。
筆者が反対している主張：早押しクイズでは、知識の多寡や頭の回転の速さを競っている。

解説

この文章は、**早押しクイズで競われている能力が何かについて、筆者が反対している二つの主張（敵）への反論をした後に、筆者の主張を提示しています。**予測される反論に対して、再反論を先に行っているという点では少し難しかったかもしれません。

これに反対している主張の一つ目は「早押しクイズは知識の多寡（知識が多いか少ないか）を競っている」というものでした。これに対して筆者は、知識量を競うには早押しを行う必要はなく、全員に平等に解答権が与えられるような形式のクイズの方が妥当であると反論しています。

次に筆者が反対している主張は「早押しクイズは頭の回転の速さを競っている」というものでした。これに対して筆者は、たしかに早押しクイズでも発想力やひらめきを競う問題は出るものの（譲歩）、パズルや謎解きなどの方が頭の回転の速さを試すためには適していると反論しています。

以上のように、**予測される反論を否定した後に、筆者は自らの主張である「早押しクイズでは早押しクイズでしか役に立たない能力を競っている」ということを主張しています。**

#06

小説文は何をするための文章なのか？

ポイント

☑ **小説は「言葉の力」だけを使ったエンターテインメント**
文字しかないからこそ、自分のなかで好きなことを想像することができる

世の中には面白い映画やアニメがたくさんあるので、小説は読まなくてもいいと思っている人もいるかもしれません。けれど、小説には小説の良さがあります。アニメやマンガ、映画やゲームになくて、小説にはある「魅力」は何でしょう。それは**「言葉の力だけを使って作られた物語である」こと**です。

アニメやマンガ、映画などは絵面が華やかです。美しいイラストや俳優さんの表情、風景などのたくさんの情報を目で受けとることができます。それに比べて小説は文字が並ぶばかりで、絵面はとっても地味です。けれど、**文字しかないからこそ、言葉の力だけを手がかりにして自分の頭のなかで好きなように想像していくことができます。**

小説にある「言葉」の魅力について考えてみよう

アニメやマンガ、映画にドラマ、ゲーム、それからＹｏｕＴｕｂｅ……世の中にはたくさんのエンターテインメントがあふれています。みなさんのなかにも「映画やアニメは大好きだけど、小説はそんなに読まないな」という人がいるのではないでしょうか。

映画やアニメ、ゲームなどのエンターテイメントに触れていると、普段とは違う人生を味わえるようでとても楽しいですよね。もし自分が、この物語の主人公だったら……？と想像をふくらませてみたり。はたまた、江戸時代にタイムスリップしたり、ヨーロッパのお城の生活を擬似体験したりして、物語の舞台を味わうこともできます。

小説家が投げかけた言葉を自分なりにふくらませてみよう

「言葉の力だけを手がかりに、想像力をふくらませる」と言っても、ピンとこない人もいるかもしれませんね。少し例を出しながらお話ししていきましょう。

「少年は、無我夢中で走った。ひざがふるえて、脇腹が痛くなっても足を止めることはなかった。息が苦しくなって顔を上げる。空が真っ青だ」

この文章に出てくる「真っ青な空」はどんな空だと思いますか？　少し考えてみましょう。

ひこうき雲が飛んでいる青空。晴れた都会の夏空。緑のおいしげる田舎の入道雲……。ギリシャやハワイのような、海外の青空を思い浮かべた人もいるかもしれませんね。あなたはどんな青空を想像しましたか？　私は「雨上がりの青空」を想像しました。

このように、「青い空」という言葉から想像できる空は、人それぞれ違っています。小説家が書いた言葉を拾いながら、自分だけの想像力をふくらませて物語を味わえるのが小説の大きな魅力です。

小説は、私たち読者が想像して自分で楽しめる余白が大きいエンターテインメントなのです。だからこそ、小説家は「言葉の力だけ」でどうやって読者に物語を伝えようかと四苦八苦しています。小説を読むときに、小説家が投げかけた言葉を自分なりにふくらませられたら、読むことがもっと楽しくなると思います。

小説家が表現したいことをどうやって見つけるのか。そのために意識しておきたい、いくつかのコツをお伝えしていきます。作者が私たち読者に投げた言葉のボールを拾ったり、あえてスルーしたり、転がしてみたりして、楽しく物語を読んでいきましょう。

#07

まずはストーリーを味わおう！

ポイント

小説は娯楽の一つ。肩の力を抜いて、自分らしく楽しく読み進めよう

作者と読者のズレも楽しもう

小説家が表現したいことを見つけよう、と書きましたが、それは小説の「正解」を見つけよう、ということではありません。作者は「伝えたいこと」や「表現したいこと」があるから小説を書きます。しかし、書かれた小説に「こういうことが伝えたいんだ！」とはっきり書いてあることはほとんどありません。そこで、**私たち読者は、登場人物の行動やセリフ、話の展開や結末を通して、作者が私たちに伝えたかったことを想像します。**自分の考えた「作者の意図」が本当に作者が考えていたことである場合もあるでしょうし、そうではないこともあるでしょう。ですが、その「正解」にこだわりすぎる必要はありません。読み進めるうちに、作者がまったく考えていなかったようなメッセージが出てくることもあります。**そんな作者と読者のズレも、「言葉の力だけを使って作られた物語」を読む楽しみの一つなのです。**だから、自分の読み方が「正解」であることにこだわる必要はありません。

せっかくだから、自分らしく楽しみながら読み進めていきたいですよね。でも、小説の場合には映画などと違って「途中で投げ出してしまう」ことが多いのではないでしょうか。

小説を読んでいて途中で「つまらない」「もう読みたくない」と思ったら、そこでやめてもいいんです。

でももし「読みたくない」と思った理由が「知らない単語が出てきたから」だとしたら、ちょっと待ってください。大好きになれる物語と出会うチャンスをふいにしているかもしれません。

本を読んでいて知らない単語に出会うと「これは自分向きではないかも」と落ち込んだり、わからなくて嫌になることもあるかもしれません。そういうときは知らない単語を辞書で調べながら読むのも良いですが、いっそ知らない単語を読み飛ばしてしまうのも手です。世の中には言葉の美しさに浸ったり、朗読してみたくなるような小説もあります。

けれどもし、**知らない単語があるのが原因で読むのが嫌になりそうだったら、「この単語は読み飛ばしちゃえ」とスキップしてしまいましょう。**一つ一つの言葉にとらわれて、ストーリーがわからなくなってしまったら本末転倒です。一言一句追いかけて丁寧に読み進めていく楽しみもありますが、真面目に読もうとして疲れてしまったり、小説を読むのが嫌いになってしまってはもったいないですよ。小説は娯楽の一つです。ふわっと肩の力を抜いて読みましょう。

物語のあらすじを書き出してみよう

「知らない単語は読み飛ばしていいんだ!」と思えば、ちょっと難しそうな本にも手を伸ばしやすくなりそうですね。そうやって知らない単語を飛ばしながら小説を読み進めていて、物語に入り込めなくなったり、話の流れがよくわからなくなることもあるかもしれません。そういうときはどうしたらいいのでしょう。読むのを途中であきらめるその前に、一つやってみてほしいことがあります。話の流れがよくわからなくなってしまったら、近くのメモ帳を手にとってください。プリントの裏紙でも、何でも良いです。一度、立ち止まって考えてみましょう。考える項目はたったの四つくらいです。

① 主人公は誰か
② 主人公は今何をしているのか
③ 主人公の目的は何なのか
④ 主人公の敵は誰なのか、何なのか

こうやって書き出して、物語を整理してみてください。

毎日少しずつ本を読み進めていたりすると、あらすじを忘れてしまうこともあります。そんなときにはこうやって、物語の流れを思い出してみましょう。「この続きは読まなくていいや」と途中であきらめた本も、最後まで読めばあなたにとって大切な一冊になるかもしれません。最後まで読み切る力をつけることで、素敵な本と出会う機会が少しでも増えると嬉しいです。

#08 もっと小説を楽しむためのキーワードは「違和感」

ポイント

物語を深く味わうために「違和感」を深く掘り下げてみよう

「違和感」が物語を楽しむためのヒントになる

ここでは、小説を読むときにどんなところに注目したらより楽しめるかを考えていきたいと思います。ここまで読み進めてくれたみなさんは、小説の読み方にただ一つの「正解」はない、ということは理解していると思います。物語の楽しみ方にも、ただ一つの「正解」というのはありません。とはいっても、物語をより深く楽しんでいくための王道はやはり、作者が仕掛けた物語のなかにしっかりと入り込んでいくことです。物語のなかにどっぷりと浸かったそのとき、**作者が伝えたかったことを自分なりに受けとめる、という楽しみ方の地平が開けていきます。**

物語のなかにあなたが入り込んでいくためのヒントを出してくれるのは、もちろん物語の作者です。それでは、作者がどんなふうにあなたを物語のなかに入り込ませるための仕掛けを用意してくれているのか、いくつかの視点から考えてみましょう。キーワードは「違和感」です。**物語を読み進めるなかで文章に「違和感」を覚えたら、そこには物語を楽しむための「宝」が隠れている可能性が高いのです。**

違和感を覚えるということは、「ふつうとは違う書き方だ」とあなたが感じたということですから、「作者がふつうとは違うオリジナルの工夫をした」か、「あなたがふつうとは違った捉え方をした」かのどちらかです。**違和感を覚えたところを深く掘り下げて考えてみることで、作者のオリジナリティやあなたの独特な感性が見えてきます。**

ただ、いきなり「違和感に注目して！」といっても、イメージがわきにくいでしょうから、「小説のなかに登場しやすい違和感の種類」をいくつか紹介します。

小説のなかに出てくる違和感の種類

① 視点が変わる

例：ずっとAさんの視点で物語が進んでいたのに、いきなり別の登場人物であるBさん視点の描写が交じってくる

物語の視点が変わると、それまで感情移入できていたはずの登場人物が急によそよそしく見えて、ほかの登場人物をより身近に感じるようになることがあります。また、同じ出来事がいろいろな視点から描かれることによって、そこで本当は何が起こっていたのか、どんどん複雑になって混乱していくことも。

② 「このシーン必要なの？」というシーンの挿入

例：一度しか登場しないのに描写が細かい登場人物、物語がいっさい進まないただの日常会話、一見なくてもいいような食べ物の描写など

起承転結のあらすじには収まらない描写が、小説にはたくさんあります。いったいどうしてそんな描写が入ってくるのでしょうか。もし、その描写が必要な理由があるとしたら、それはどんな理由でしょうか？

③ 登場人物の口調や容姿の変化

例：口調や人の呼び方の変化、顔つきや服装、身に着けているものの変化など

みなさんも、友達と仲良くなったら口調が変わったり、気分を変えたくてオシャレなものを身に着けたりすると思います。小説のなかの登場人物も、もしかしたらあなたと同じかもしれません。

今回は「違和感」の例を三つだけ紹介しました。**「ここに何か意味があるかもしれない」という感覚が、物語のなかにもっと深く入り込んでいくための道しるべとなります。**自分の感覚に自信を持ちながら、いろいろな物語をもっと深く楽しんでいきましょう。

次のページからは、みなさんがもっと読書を楽しんで、読書の幅を広げていくためのワークシートを掲載しています。このワークシートを使って、ぜひ友達と一緒に「読書会」を開催してみてください。

読書の幅を広げるためのワークシート

世界には数え切れないほどたくさんの本があり、本屋さんには毎月新刊が並びます。表紙で選んだ本や、タイトルの雰囲気に惹かれて何となく手にとってみた本が胸に響いたり、友達のオススメが大当たりだったり……とっておきの本との出会いは、偶然に左右されることもあります。偶然の出会いも素敵ですが、できることなら好きなものと出会う確率を上げていきたいですよね。

このコラムでは、山ほどある本のなかから自分の好きな本と出会う方法を、紹介したいと思います。

読書会をやってみよう

面白い本と出会う機会を増やすには、自分のお気に入りの本を紹介する読書会をやってみるのがオススメです。

「読書会」などと言うとおおげさに聞こえるかもしれませんが、「自分が好きなものを友達にお話しする」会です。休み時間におしゃべりする感覚で気軽にやってみてください。二人でやってもいいし、三、四人くらいでやっても面白いです。

読書会をやったことのない人のために、読書会をひらくための進行表と、ワークシートを作りました。このワークシートを活用して、みんなで使ってみてくださいね。

読書会の進行表

事前に準備すること

- □参加者を集める
- □日程を決める
- □紹介したい本を選ぶ
- □ワークシートに記入する

読書会当日

❶ 順番に発表していく

記入したワークシートの内容をもとに、一人ずつ本を紹介していきます。
持ち時間は一人五分くらいが良さそうです。

❷ 発表を聞いて、メモをとる

みんなの発表を聞いている間、気になったことがあればメモをとってみましょう。

❸ 気になった本を選ぶ

全員の発表が終わったら、机の上に紹介した本を全部並べてみましょう。そして集まった本のなかから「自分が読みたい」と思った一冊をそれぞれ選んでみてください。手にとって、ぱらぱらめくってみたり、友達同士で貸し借りしてみましょう。

読書会のためのワークシート

本のタイトル／著者

どんなお話？ あらすじを教えて。

● 誰が　何を　する話？

● クライマックスは？

その本の面白いところ、好きなところや、みんなと考えてみたい「違和感」はどこ？

❶ □ストーリー　□シーン　□セリフ　□その他

詳しく書いてみよう

❷ □ストーリー　□シーン　□セリフ　□その他

その本に出会ったきっかけは？

場所／時期／シチュエーションは？　誰かの紹介？　それとももっと他のきっかけ？

その本をみんなに紹介したい理由は？

例　とにかく面白いから、つらいときに読むと心が癒やされるから、◯◯に詳しくなれるから、主人公が自分とそっくりだから

メモ欄

● 気になったことや、面白いと思ったエピソードなどをメモしてみよう。

● みんなの発表を聞いて、読んでみたいと思った本を一冊選んでみよう。

読書会のためのワークシート

本のタイトル／著者

『ハリー・ポッターと賢者の石』／著者　J・K・ローリング　翻訳　松岡　佑子

どんなお話？　あらすじを教えて。

● 誰が　何を　する話？

両親を亡くし、いじめられっ子だったハリー・ポッターが魔法学校に入学して、両親を殺した悪い魔法使いとの対決を迎える話。

● クライマックスは？

その本の面白いところ、好きなところや、みんなと考えてみたい「違和感」はどこ？

❶ □ストーリー　☑シーン　□セリフ　□その他

詳しく書いてみよう

賢者の石を守るために、学校でできた友達と力を合わせるシーン。今までいじめられっ子だったハリーだけど、魔法学校ではとても素敵な友達と出会えたんだなとわかるシーンだから。

❷ □ストーリー　□シーン　□セリフ　□その他

その本に出会ったきっかけは？

場所／時期／シチュエーションは？　誰かの紹介？　それとももっと他のきっかけ？

映画でやっているのを見て面白そうだと興味を持った。

その本をみんなに紹介したい理由は？

例　とにかく面白いから、つらいときに読むと心が癒やされるから、○○に詳しくなれるから、主人公が自分とそっくりだから

一人でもできることはたくさんあるけれど、友達がいると自分一人じゃできないことにもたくさん挑戦できる気がしてくる。友達がいることはとても心強いことなんだなという気持ちになれるから。

メモ欄

● 気になったことや、面白いと思ったエピソードなどをメモしてみよう。

● みんなの発表を聞いて、読んでみたいと思った本を一冊選んでみよう。

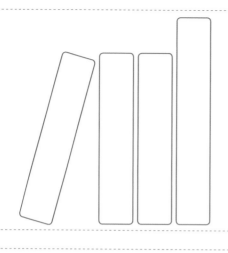

QuizKnock ライターの本棚

QuizKnockライターの心に残っている本、みなさんにオススメしたい本を紹介します。ライターがどんなところに感銘を受けたのか、面白みを感じたのかを参考にして、みなさんも読書を楽しんでみてください。

好きな本

君の膵臓をたべたい

住野よる 双葉文庫 2017

writer { Takeru }

自分に「生きるということの意味」について考えさせてくれた本です。主人公の「僕」は他の人に興味を持たずいつも一人でいるのに対して、ヒロインの桜良《さくら》は天真爛漫なクラスの人気者と対照的に描かれています。そんな二人のやりとりは、漫才みたいでクスッと笑えるところがある一方で、ときに目に見えない大切なことを私たちに気づかせてくれます。ラストシーンは涙なしでは読めませんが、読後に前向きな気持ちにさせてくれる爽快感が最大の魅力です。

好きな本

夜のピクニック

恩田 陸 新潮文庫 2006

writer { まいち }

読書嫌いだった私が初めて没頭した本です。自分でもここまで物語に引き込まれるとは思わず、読み終わったときには涙がボロボロとこぼれてきました。青春の真っ只中にいる高校生たちの心情を追体験できる作品です。「会話しながら長い距離を歩く」行事の物語ですが、彼らが「歩く」「話す」だけで、ここまですがすがしく壮大な青春ドラマが生まれることに驚き、感動しました。登場人物の会話や距離感が丁寧に描かれているので、読書が苦手な方でもイメージをふくらませながら楽しく読むことができると思います。

好きな本

僕は君たちに武器を配りたい
瀧本哲史　講談社　2011

writer〔イデマサト〕

学生の私たちは、厳しい社会をこれからどう生き抜いていけばいいのか。大学への進学や就職を控えて、不安に思う人も多いのではないでしょうか。この本の著者である瀧本氏は、そんなふうに思い悩む私たちに、社会を生き抜くための「武器」を与えてくれます。将来への迷い、大人になることへの漠然とした不安を抱えている人にぜひ読んでいただきたいです。瀧本氏の本には、社会のなかで生きていくためのヒントがちりばめられたものが多く、ほかの著書も強くオススメします。

論理・表現力のアップ

思考の整理学
外山滋比古　ちくま文庫　1986

writer〔森川 舜〕

この本には、物事を考えるためのエッセンスが、外山氏独特の言葉遣いで表現されています。例えば「自力で新たな文化を創り出す力」のことを一般的に「創造力」と呼びますが、この本では「飛行機能力」と表現されています。ほかにも「グライダー人間」「醱酵」「忘れる努力」など、強く印象に残るような表現で、外山氏は私たちがもっと深く物事を考えるためのヒントを提示してくれています。表現力を豊かにしたい、良質な思考をしたい、論理的に物事を考えたい人にオススメの一冊です。

好きな本

君は月夜に光り輝く
佐野徹夜　メディアワークス文庫　2017

writer〔ノブ〕

高校生たちの心情描写がとても美しく、等身大の表現が魅力の作品です。二〇一九年には映画化され、永野芽郁さんがヒロインを務めました。作品の雰囲気はＴａｋｅｒｕさんが紹介している『君の膵臓をたべたい』にも通じるところがあります。

私自身も友人に紹介されてこの本を読み始めたのですが、続きが気になってどこへ行くときにも持ち歩いていたことを覚えています。感動を求めている中高生のみなさんにオススメの作品です。表紙のイラストもとてもきれいで、気に入っています。

国語が苦手な人にオススメ

ももものかんづめ

さくらももこ 集英社文庫 2001

writer 〔サワラ〕

『ちびまる子ちゃん』の作者であるさくらももこさんのエッセイ集です。まる子のモデルとなった作者自身が、日常で体験した出来事をユーモアあふれる文章で綴っています。とにかく面白いのでページをめくる手が止まらなくなること間違いなし！一つ一つの章が短いので、国語が苦手な人や、普段あまり本を読まない人にオススメです。さくらももこさんの「人を笑わせる文章を書く力」を存分に感じられる一冊です。

論理・表現力のアップ

蜜蜂と遠雷

恩田 陸 幻冬社文庫 2019

writer 〔あさぬま〕

目には見えない「音楽」を、五感に訴えかける表現で巧みに描写する作品です。作中に登場する曲が、風景や色彩、感触、匂い、温度や湿度に至るまで、さまざまな角度からのアプローチで豊かに表現されています。小説を読んでいるのに、音楽を聴いているような、コンサートホールにいるような感覚になりました。いつも文章が単調になってしまう。生き生きとした文章を書きたい。そんな人にすすめたい本です。

国語が苦手な人にオススメ

数学ガール

結城 浩 SBクリエイティブ 2007

writer 〔Yoshida〕

面白くない文章を読まされるから国語が嫌い。長い文章を読むのが疲れるから国語の勉強ができない。そんな理系のみなさんにオススメなのがこの『数学ガール』です。この本は、高校生の主人公が「数学ガール」たちと数学に取り組むという内容の小説です。数学を勉強する感覚で長い小説文を読む訓練もできてしまうので、数学・理科は好きだけど国語の長い文章を読むのが苦手という方にオススメ。苦手な国語も得意な分野に持ち込んでしまえば怖くないですね。

国語が苦手な人にオススメ

writer【1758】

悟浄出立《ごじょうしゅったつ》
万城目 学 新潮文庫 2016

孫悟空でお馴染みの『西遊記』のような中国の古典に登場する脇役に光を当てた短編集です。古典というと難しそうですが、『鹿男あをによし』など多くの人気作を手がけた万城目《まきめ》氏だけに読みやすさはピカイチ。個性豊かな「脇役」の生きざまを、肩肘張らずに追体験できる作品が揃っています。普段は悟空たちの陰で目立たない沙悟浄の心境を描いた表題作は、悩める私たちに活力を与えてくれる一編。古典や国語の授業になかなか親しめない方にも、物語の面白さ、そして楽しく生きるヒントがきっと伝わる一冊です。

好きな本

writer【乾】

A PEANUTS BOOK featuring SNOOPY
チャールズ M. シュルツ 角川書店 1990

「なかなか文字ばかりの小説には手が出ない」そんな人にオススメの、英語で描かれた四コママンガ集です。スヌーピーや飼い主チャーリーをはじめとするキャラクターたちが登場します。四コマでさっと読める上、起承転結の「展開」を学ぶこともできます。一読では面白さが理解できないような話もあり、「面白さ」を考える思考力も養うことができるかもしれません。和訳がついているので英語が苦手な人でも気軽に読むことができますが、中高生にはちょうど良い英語表現の勉強にもなります。

番外編

writer【QuizKnock】

勉強が楽しくなっちゃう本
QuizKnock 朝日新聞出版 2020

ＱｕｉｚＫｎｏｃｋの課外授業シリーズ第一弾です。勉強が嫌いな人、勉強に苦手意識がある人、まだ「勉強の楽しさ」に出会っていない全ての人に向けた、「勉強の楽しさと出会うための本」です。

誰かのための勉強といったん距離をおいて、あなた自身のための、あなたらしい勉強方法を一緒に探してみましょう。

自分の好きなものをもっと好きになるための勉強方法や、気の進まないテスト勉強をゲームのように楽しむための方法をご紹介しています。

memo

あなたが大切だと感じたところを抜き出して書いてみましょう。あなただけの本にしてみてね！

{ PART }

02

文章を楽しく書くために

何なんデス。彼は…
ぼくがよくわからないパンダなんて…彼にはぼくの崇高な役割がわかってないのデス…
しょぼん…
彼→
そもそもぼくはちょっとパンダに似てるだけで…
おや？あれは…
彼と一緒にいた…
ハルちゃんとかいう…
ハールちゃん！
何してるん…
ビクッ
!!
ギャアアア!!
わ〜っ!!
ちょっ…！ハルちゃん！落ち着いて…！
ぼくデス！
イヤアアア

あ！
パンダさん！
キーーン…
ク…クイズの
妖精デス…！
すいません！
考え事してて
ついつい…！
ペコォ
すっごい
おっきい声…！
さすがアカペラサークル…
伊沢さんに
教わったことを
思い返してて…
自分が書く文章で
何をしたいのかな？
って…
ハルさん！
ノクの助左衛門から
聞いたよ！
バァン
文章の書き方について
悩んでいるんだってね！
ウワー！？
QuizKnockの
山本さんとノブさん！

「文章を何のために書くのか?」について、僕らと一緒に考えていこう。
まず、ハルさんは、普段どんな文章を書いているのかな?
日記を書いたり、友達や家族とLINEをしたり…
あとは、学校の国語の課題かなぁ。
Diary
LINE
来月には、校内の作文コンクールで「感想文」を応募する予定なんですけど…
自分の感情をうまく相手に伝えることができなくて…
なるほど。
文章を「うまく書く」ことに気を取られてしまうと、筆が進まなくなるよね。
まず「きれいな文章」とか「上手な文章」よりも…
「よりはたらく文章」を書くことに重きを置いてみてはどうかな?
はたらけーい!!
文章
えっ?「はたらく文章」?

ハルさんは、何のために文章を書いているのかな？

日記は、その日の出来事を忘れないようにするためかな。

LINEは、連絡事項や相手へのメッセージを伝えるためです。

うんうん。

文章は、ハルさんの目的に合わせていろいろな仕事をしてくれているよね。

「記録すること」、「伝えること」、「説得すること」など、
Match!

それぞれの文章の「仕事」にマッチしたパーツをうまく組み合わせて書くことが大切なんだ。

じゃあ、「感想文」の仕事について考えてみようか。

「感想文」は、何のために書くと思う？

う〜ん…

自分の体験を、他の人に伝えるためかなあ。

その通り！

ハルさんだけが持つ視点を、他の誰かにわかるように共有することが、感想文の役割だよね。

一〇〇人いれば、一〇〇通りの感じ方やものの見方があるから、**「ハルさんだけが持つ視点」**を掘り下げる必要があるんだ。

ちなみに、どんなテーマで書くのかはもう決まっているのかな？

所属するアカペラサークルで出場した「全国コンクール」のことを書こうと思ってます。

CAP
優勝はできなかったんですけど、みんなで一致団結して練習したことが、すごくいい思い出になってて…

いいね！

ビシッ
では、それを他の人に伝えるためには、何が必要になるかな？

「こんなことがありました」って書くだけだと、何だか物足りないですよね？

それだけだと、客観的すぎるよね。

クルッ
「私はこんな体験をしました」って、私なりにその出来事を書いてみたらいいんですかね？

そう！出来事にハルさんの感情の動きをしっかりと添えて書いてみよう。

そのためにまずは伝えたい「シーン」をしっかりとピックアップすることが大事だね。

なんで回ったんだろう…

なるほど…一番伝えたい「シーン」かぁ…

アカペラサークル
ガッチガチ
タロウデス！

CAP
そういえば、あのときはとても楽しかったなー…

おっ？いいシーンが思い浮かんだかな？

でも、それをそのまま書くだけだと、他の人に伝わらない文章になってしまうかもね。

えっ？どういうことですか？

今はまだ、ハルさんにとっての体験でしかないよね。
他人に見せる文章にするっていうことは、他の人も、文章を読んで追体験できるようにする必要があるんだ。
えーっ！難しそう…
ハルさんと他の人は、同じ出来事でも全然違った感じ方をするかもしれない。
だから、自分が「どうしてそう感じたのか」をしっかりと掘り下げていくことが大事なんだよ。
パ
CAP
他の人がハルさんと同じところからその出来事を見ることができるように、
ハルさんがどんな場所に立っているのかを伝える必要があるんだ。
その後は、効果的な順番でつなげることがポイントになるよ。
how to use
好きなもので感想文を書いてみよう
せっかく書くのならば、言いたいことが的確に伝わるような順番で書きたいよね！
文章の効果的なつなげ方については、P86-87のワークシートを活用してみてね！

ありがとうございます！

ワークシート実践してみます！

視点が変われば、文章を書くことがもっと楽しくなると思うよ！

作文コンクールがんばってねー！

じゃーねー！

あ、そうだ！言い忘れてた！

ハルさん！

!!

ビクッ
あーっ！

だめー！

ギャァァァ!!

感想文に…加えて、小論文の書き方についても…P94以降で解説しているから参考にしてみてね…

って言おうとしたんだけど…！

聞こえてないね！

introduction

「きれいな文章」よりも「はたらく文章」を書こう

「はたらく文章」の書き方について考えてみよう

PART01では、「文章の目的と機能」をあらかじめ知ることで、文章への苦手意識をなくしていこうという話をしてきました。そのなかで、「論説文」と「小説文」という代表的なジャンルの文章について、あらかじめ知っておくと便利な目的や機能について語ってきました。

PART02では、文章を読むのではなくて、自分で書いてみる場面にフォーカスしてみようと思います。PART02でも、「文章が上手に書けない」という不安を少しでも和らげるために「目的や機能をあらかじめ考えてみよう」というメッセージは共通しています。それでは、「文章を書く」ことに注目しながら、このメッセージがどんなものかもう一度確認してみましょう。

話すことと書くことは、同じことをしているように見えて、いろいろな点で違っています。話すのが得意だと思っている人でも、書くことに苦手意識を持っていたり、話すのが苦手な人が、書くときにはいつもより活発になったりします。文章を書くことに苦手意識を持っている人のなかには、「ボキャブラリーが少ない」ことや「うまい言い回しが思いつかない」ことが悩みのタネになっている人もいます。その悩みの先にあるのは、「きれいな文章が書けない」ということです。他の人がいろいろな言葉や言い回しを使ってきれいな文章を書いているのを見ると、自分の書いている文章がみすぼらしく感じられてしまう……。そんなふうに考えたことがある人は多いのではないでしょうか。

この本でお伝えしたいのは、一度**「きれいな文章」を目指すのはやめて、「はたらく文章」を書いてみよう**、ということです。この言い方に抵抗がある人もいるかもしれませんが、**文章は情報を伝えたり、考えたことや感じたことをシェアしたりするための手段であり、道具です。**

まずはいい道具の作り方を、つまり、「はたらく文章」の書き方を自分なりに考えてみよう、というのがPART02でみなさんにお伝えしたいメッセージです。道具をうまく作れるようになって、その道具で他の人と今よりももっと上手にコミュニケーションが取れるようになれば、文章を書くことがもっと楽しくなってくるはずです。

そんなふうに考えたとき、「はたらく文章」をうまく作るために必要なことが、**「文章の目的と機能について考える」**ことなのです。たとえとして、身の回りの道具について考えてみましょう。洗濯機や自転車は、「汚れた衣服を洗う」「楽に、速く移動する」という目的のために作られていて、その目的を実現するためのいろいろな機能を持っています。洗濯機や自転車を買う人は、まずはこの目的にどれだけ合っているかを考えてどれを買うかを決めますよね。デザインは、道具の目的に満足した後で気になってくるもの。ですから、「きれいな文章」よりもまずは、「はたらく文章」をしっかりと書くことを目指して、それから「きれいな文章」について考えてみるのがいいでしょう。

それでは、「はたらく文章」がどんなものかを考えてみることにしましょう。

introduction

「はたらく文章」って何？

あなたの文章はちゃんとはたらいていますか？

PART02では、文章の書き方についてお伝えしていきます。とはいえ、文章の書き方には、絶対にこうするべきだ、というただ一つの正解はありません。ただ、その文章がはたらいていない、機能していないときがあります。書き手が託した目的を、文章が果たせていないときです。そういうときには、自分の文章の書き方を見直してみる必要があります。

では、「はたらく文章」とはどんなものでしょうか。先ほどの洗濯機や自転車の例とあわせて考えてみましょう。洗濯機や自転車にはそれぞれ「汚れた衣服を洗う」「楽に、速く移動する」などの目的があります。自分の洗濯機や自転車がその目的をちゃんと達成してくれることを「はたらく」と表現することにします。次に、文章の目的を考えてみましょう。

あなたはどんなときに文章を書きますか？　学校の課題で文章を書くことをイメージする人が多いかもしれませんが、もっと範囲を広げて考えてみましょう。例えば、友達を遊びに誘うとき、周りの人に気持ちや感謝を伝えるとき、自分の好きなものを人にオススメするときに、私たちは短くても何らかの文章を書いて、人に読んでもらうことになります。友達は誘いに乗ってくれるでしょうか。周りの人たちは、あなたの気持ちをしっかりと理解してくれるでしょうか。私の話を聞いて、あの人はこの作品に興味を持ってくれるでしょうか。

文章の書き方一つで、これらの目的を達成できたり、できなかったりします。目的を達成する文章は、必ずしも美しくてきれいな文章ではありません。相手があなたの言いたいことをちゃんと理解してくれるのであれば、チラシのうらに走り書きをしたメモであっても、はたらいています。逆に、どんなにボキャブラリーが豊富で長い文章を書いたとしても、相手がそれを読んで「何が言いたいのかよくわからない」となってしまうのであれば、その文章はうまくはたらけていないことになります。**要するに「はたらく文章」とは、あなたの伝えたいことをしっかりと伝えてくれる文章のことです。**

文章を書きながら迷子にならないために

私たちの日常生活をじっくり観察してみると、学校以外の場面でも、私たちはたくさんの文章に頼って生活をしています。だからこそ、文章がうまくはたらいてくれないだけで、友達と気持ちがすれ違ってしまったり、周りから自分の気持ちを誤解されてしまったり、ちゃんとした議論が成り立たなくなったりしてしまいます。

そんなことを減らしていくために、うまくはたらいてくれる文章が必要なのです。そして、**うまくはたらいてくれる文章を書くためには、自分が何のために文章を書くのか（目的）、そのために自分の文章に何をしてほしいのか（機能）をしっかりと意識することが必要です。**この文章を何のために書いているのか？　この文章で何を伝えたいのか？　この文章を読んでどんな気持ちになってほしいのか？　そんなふうに問いかけながら自分の文章を眺めてみれば、「これは書かなくてもいいな」「これを書かなきゃいけないのに忘れていた」というのが見えてくるようになって、文章を書きながら迷子になってしまうことが少なくなります。

introduction

もっとも基本的な目的は二種類

「共有／共感するための文章」と「伝える／説得するための文章」

ここまで、「きれいな文章よりもはたらく文章を書こう」「自分が書いている文章の目的と機能を意識しよう」ということをお伝えしてきました。とはいえ、こういうことを言われたからといってすぐに文章がスラスラ書けるようになるわけではありません。何しろ、「文章の目的と機能を意識しよう！」と思っても、時と場合によって目的も機能もまったく違ったものになりますから、いきなり考えようとしても混乱してしまうことになりかねません。

いきなり混乱してしまわないように、このPART02では、あなたが書く文章の目的を大きく二つにしぼって、対策をお伝えしようと思います。**何かの目的があって書かれる文章は、大きく次の二つの種類に分けることができます。それは、「共有／共感するための文章」と「伝える／説得するための文章」です。**学校で習うときの言い方で「感想文」と「小論文」と言った方がイメージしやすいかもしれませんね。

感想文を書く目的は、あなたが実際に体験した出来事や、その出来事のなかで抱いた気持ちを他の人に伝える

郵　便　は　が　き

おそれいりますが切手をお貼り下さい

104-8011

朝日新聞出版　生活・文化編集部
ジュニア部門　係

お名前《なまえ》			ペンネーム	※本名《ほんみょう》でも可《か》	
ご住所《じゅうしょ》	〒				
Eメール					
性別《せいべつ》	男《おとこ》・女《おんな》	学年《がくねん》	年《ねん》	年齢《ねんれい》	才《さい》
好《す》きな本《ほん》					

※ご提供《ていきょう》いただいた情報《じょうほう》は、個人情報《こじんじょうほう》を含《ふく》まない統計的《とうけいてき》な資料《しりょう》の作成等《さくせいなど》に使用《しよう》いたします。その他《た》の利用《りよう》について詳《くわ》しくは、当社《とうしゃ》ホームページ https://publications.asahi.com/company/privacy/ をご覧下《らんくだ》さい。

☆本《ほん》の感想《かんそう》、似顔絵《にがおえ》など、好《す》きなことを書《か》いてね！

感想を広告《こうこく》、書籍《しょせき》のPRに使用《しよう》させていただいてもよろしいでしょうか？

1．実名《じつめい》で可《か》　　2．匿名《とくめい》で可《か》　　3．不可《ふか》ことです。うまくいけば、読み手にあなたの体験を生き生きとイメージさせて、あなたと同じ心情を追体験させることができます。とはいえ、ただどんな出来事があったのか、あなたがどう思ったのかを書くだけでは、他の人をあなたと同じ気持ちにすることは難しいでしょう。なぜなら、人はみんな違った感性を持っていて、同じ出来事に対してまったく違う感想や気持ちを抱くことがあるからです。同じ映画を観て、あなたがとても切ない気持ちになったとき、横で観ている人は登場人物への怒りに震えているかもしれません。だから、「こんな映画を観て、切ない気持ちになった」と書くだけでは、感想文の目的を十分に達成することはできません。

目的を達成するためには、あなたがテーマにした出来事を、あなたと同じ視点から読み手がイメージできるような工夫が必要になります。**そのためには、感想文のなかで「私はどうしてこう感じたか」を伝える必要があります。**テーマとなる出来事、あなたの心情、そして、なぜ自分がそう感じたのか。この三つを意識することで、あなたの感想文は目的の達成へと近づいていきます。

次に、小論文を書く目的を考えてみましょう。それは、ある話題や問題についてのあなたの意見を伝えて、読み手を説得することです。うまく書ければ、読み手はあなたの意見に賛成してくれるかもしれません。しかし、こちらも感想文と同じで、どんな話題があってあなたがどんな意見なのかを書くだけでは、説得するという目的までは達成できません。あなたがどうしてその意見を支持しているのか、その理由や根拠をなるべく客観的に書く必要があります。**小論文では、感想文よりも客観的で論理的な書き方が求められることになります。なので、論理的な文章の「型」にならって書くことが求められます。**

このように、感想文や小論文を書くときには、その目的に合った機能を意識しながら文章を書くことが重要です。

introduction

読者にとって最高のガイドになることを目指そう

文章を書くことは自分を深く理解すること

「はたらく文章を書く」ために「文章の目的と機能を意識する」ことが重要だというメッセージをここまで伝えてきました。そして、みなさんが書く文章を「感想文」と「小論文」という二つのタイプに分けて、それぞれの目的と機能がどんなものかについて考えてみました。

ここまで読んでくださった方のなかには、もしかしたら「文章のジャンルが違っても、やっていることはそんなに変わらないんじゃないか」と思った人もいるかもしれません。その通りです。

感想文も小論文も、「読み手をあなたが立っているところまで誘導してあげる」という意味では、同じことを目的としているのです。だから、**あなたが文章を書くときに気をつけるべきことは、読み手を迷子にしてしまっていないか？　あなたと同じ目線になれるところまでガイドできているか？　ということなのです。**読者を迷子にさせないような配慮の行き届いた文章が、良い文章だと言えるでしょう。

そして、そのような良い文章を書いていくために重要なことは、次の二つです。

(1) **あなた自身が、どんな目線からある出来事やある問題に取り組んでいるのかをしっかり理解すること**

(2) **読者がどんな目線からあなたの文章を読んでいるのかをいつも想像してみること**

もっと良い文章を書けるようになりたいと思ったら、こういったことを意識しながら書き続けること、それが大切です。自分がどんなことを考えているのか、自分がどんな意見に納得するのか、それは文章を実際に書き始めてみるまで意外とわからないものです。**文章を書くことは、自分自身をより深く理解することにつながっていきます。**そうやって自分の立ち位置を見定めながら、こんどは読み手をあなたのところまでどうやったら導くことができるのか、考えるのです。**読者があなたの「心情」や「結論」にたどり着くための道を、なるべく歩きやすい道を作ってあげましょう。**

そうやって文章を書くことに取り組んでいくなかで、自分自身のことが前よりもよくわかったり、出来事や問題についての理解が深まったりすることが実感できると思います。そういった体験は、考えることや書くことの楽しさと喜びをあなたに教えてくれることでしょう。

文章を書くときには、読者にとって最高のガイドになることを目指しましょう。**最高のガイドになることを目指して書かれた文章は、いつの間にか書いているあなた自身をどこか新しいところに導いてくれるような道しるべになります。**

書いた文章は、あなたが考えたことの単なる記録ではなく、あなたがもっと高いところに手を伸ばすための足場になります。きっかけはどんなことでも構いません。何なら読ませる相手がいなくても構いません。文章を書く楽しみを、味わってみませんか。

#01 感想文は何をするための文章なのか？

ポイント

☑ 感じ方やものの見方は人それぞれ
あなただけが持つ視点を他の誰かに伝えて分かち合おう

感想文を書く目的とは？

学校で「感想文を書いてください」という宿題が出たとき、あなたはどう思いますか。めんどうくさいとか、何を書いたらいいかわからないと困ってしまうこともあるかもしれませんね。

そもそも、感想文を書く目的は何でしょうか。まず、このことを少し考えてみましょう。

例えば、こんな経験はありませんか。

友達から「これ面白いよ」とすすめられた動画が退屈で、なぜこれをオススメされたのかわからないこと。逆もあるかもしれませんね。あなたがお気に入りの動画を友達にすすめてみたときに友達が笑ってくれなくて、こんなに面白いのにどうしてだろう？と疑問に思ったり……。

つい、「自分が楽しいことは、きっとみんなも楽しいだろう」と思いがちですが、人の好みは千差万別です。

人が好きなものがさまざまであるように、たとえ同じものを見て、同じ体験をしていたとしても、どう感じるかは人それぞれなのです。

同じＱｕｉｚＫｎｏｃｋの動画を見ていても、早押しクイズでボタンを早く押すところに面白さを感じる人もいれば、クイズに正解して嬉しそうにしている姿に楽しさを覚える人もいます。

何に面白さを感じるか。どこに注目するか。どんなときに楽しいと感じて、どんなことが悲しいのか。どのように世界を見ているのか。一〇〇人いれば、一〇〇通りの感じ方や、ものの見方があります。

そして、異なる視点を持った人たちが集まって生活しているのが、この社会です。このことをみんなが心の片隅で意識していれば、友達を傷つけてしまったり、傷つけられたりすることも少なくなるかもしれません。それぞれが違う視点を持っていることを理解していれば、友達の意見を否定してしまう前に、「受け入れる」という選択肢が表れるからです。

あなただけの視点を他の誰かと分かち合おう

ここまで、人はそれぞれ異なる視点を持っているのだ、というお話をしてきました。では、感じ方やものの見方が一人一人違うと気づいたとき、自分とどう違うのか知ってもらうためにはどうしたら良いのでしょう。

そういうときに役に立つのが「感想文を書いてみること」です。**あなただけが持つ視点を、他の誰かにもわかるように共有するのが、感想文の役割なのです。**

あなただけの視点は、言葉にして外に出すまであなたの心の底に眠っていて、誰の目にも見えません。思っていることや感じていることは、胸の奥深いところに隠れていることもあるので、もしかしたらあなた自身にもまだ見えていないかもしれませんね。

感想文を書くことで「自分は実はこう思ってたんだ」「楽しいと思ってたけど、よく考えてみたら楽しまなきゃいけないと思ってただけだった」というような、自分でも気づけていなかった新たな自分の感情を発見できることもあります。

そうやって自分のことをよく知っていくと、好きなことを増やしていったり、得意なことをさらに伸ばしていくときにも役立ちます。

感想文が書けたら、ぜひ誰かに読んでもらってみてください。友達が書いた感想文と交換して読み合うのも良いでしょう。**そうすれば、自分と近い視点を持っている友達や、あるいは自分とはまったく別の視点を持つ友達が見つかるはずです。**近い視点を持つ友達とは一緒にいると気が楽に感じるでしょうし、まったく別の視点を持つ友達とは、刺激的な議論ができるでしょう。どちらの方が楽しく感じるかは人それぞれですが、いずれにせよ嬉しい出来事につながるはずです。あなただけの視点を他の人と分かち合えたら、大切な友達が増えるかもしれませんよ。

#02 共有したい体験（シーン）を定めよう

ポイント

自分の動きを捉えて「これを書きたい」と思えるものを見定めよう

感想文を書き出すためのきっかけをつかもう

書くことが何となく苦手。そう感じる原因の一つは、「書く」という行為が、あまりにも自由だからだと思います。

例えば、両親に「誕生日プレゼント何がいい？」とたずねたときに「何でもいい」と言われて困ったことはありませんか。何でもいいのだから、自分で自由に決められるはずです。けれど、「何でもいい」が、かえって難題になってしまうことがあります。**感想文を書くときにつまずいてしまうのも、この「何でもいい」の難しさに原因があります。**

感想文は、何を書いてもいいのです。まっさらな原稿用紙の上には、あなたに「これを書け」と押しつけてくるものは何もありません。最初の一文字を書き出すためには、自分で道しるべをつかむ必要があります。自由に書いて良いということは、意外と大変なことでもあるのです。だからこそ**「何でもいい」のなかから「これを書きたい」と思えることを見つけることが重要になってきます。**最初の難関は、書き出すためのきっかけをつかむところにあるのです。

自分の感情の起伏と向き合おう

では、そのきっかけはどのように見つければ良いのでしょうか。例を挙げながら考えていきましょう。

感想文といっても、職場体験などの「体験談を共有するためのもの」や、演劇などの「ストーリーの感想を共有するためのもの」など、多々あります。今回は田辺聖子『ジョゼと虎と魚たち』（角川文庫）の読書感想文を書く場合のことを例に考えてみます。

感想文を書く前に、まずは本のあらすじを軽く整理してみましょう。どんな話だったのか思い出し、自分の言葉で理解するためです。シンプルに一行でまとめられるならそれで十分です。

今回取り上げる『ジョゼと虎と魚たち』は「車イス生活をしているジョゼが、好きな男性と出会って動物園の虎や水族館の魚を見に行く話」でした。

こうやって、ざっくりとあらすじを整理したら、次は物語の細部を思い出してみます。嬉しいと感じた場面はどんな場面だったのか。悲しかった場面、腹が立った場面はどこだったのか。**物語を思い返しながら、自分の感情の起伏を捉えてみましょう。**

感情の起伏を捉える、なんて言うと、少し難しいことのように思えるでしょうか。ですが、あなたもきっと、知らず知らずのうちに感情の起伏を捉えるためのトレーニングを行ってきていると思います。

嬉しいことがあったとき、それを友達に話したくなったりしたことはありませんか。人には話さないけれど、家に帰ってから一人で嬉しかった出来事を思い返して、ひっそり幸せな気持ちにひたってみるのが好きという人もいるかもしれませんね。

文章に書くか、書かないかという違いはあるものの、多くの人が自然と、自分の感情の起伏とつきあいながら生活しています。

もし今度、「こんな嬉しいことがあったから友達と話したい」と思ったとき「感想文の切り口もこうやって見つけていけばいいんだな」と思い出してみてください。

自分が嬉しいと感じた場面や悲しい気持ちになった場面を見つけるのが上手になれば、「何を書いてもいい」感想文で「これが書きたい」を見つけるのも得意になると思います。

この節の冒頭で、感想文を書くときに最初にぶつかる壁は、何を書いてもいいからこそ、書き出すためのきっかけをつかむことが難しいことだとお伝えしましたね。もし最初の一文を書き始めることができれば、そこから自由に書くことが楽しくなってくるはずです。次のページには、そのきっかけを得るためのワークシートを用意してみました。PART01の後半も読みながら「これで書いてみようかな」と思ったら、取り組んでみてください。

好きなもので感想文を書いてみよう

how to use

ワークシートのSTEP01には、出来事を整理する欄を作ってあります。**読書感想文なら「誰がいつどこで何をした」物語なのか、あらすじをまとめてみましょう。体験談を書く感想文なら「自分と誰が、いつどこで何をした」のか、時系列に並べてください。**そうすることで出来事を客観的に見られるようになります。

STEP02では、STEP01の出来事のときに自分がどう感じたのか振り返ってみてください。嬉しかったとか、悲しかったとか……チェックボックスの欄にしっくりくる感情がない場合は、その他のところにチェックして、自分に合った表現を探してみましょう。「悲しかったし嬉しかった」場合には、両方のチェックボックスにチェックをつけたりと、自分なりにアレンジして使ってください。

感情が動いたところには「書きたいことのタネ」が埋まっています。STEP02までやったのは、そのタネを見つける作業です。STEP03では、書きたいことのタネを育てていきます。STEP03のAの欄にSTEP02で挙げた感情を書き込んでください。そして今度は、自分がどうしてそのように感じたのかを考えてみましょう。**自分に「なぜ？」と問いかけていくのがオススメです。なぜ嬉しかったのか。なぜ悲しかったのか。より具体的にしてみましょう。**ここまで書き終えたら、感想文はできたも同然です。文章に組み立てていく方法は、「効果的な順番でつなげてみよう」（P92-93）の節で説明します

STEP 01
どんな出来事だった？

誰が

いつ

どこで

何をした

STEP 02
どんなふうに感じた？

□嬉しかった　□悲しかった　□腹が立った

□その他

その他にチェックした人は、自分に合った表現を探してみよう！
（例：もやもやした？　恥ずかしかった？）

STEP 03

なぜそう感じたの？ 理由を深掘りして考えてみよう。 AにはSTEP02で挙げた感情を書き込んでね。

A

⇩

そう感じたのはなぜ？

⇩

そう感じたのはなぜ？

⇩

そう感じたのはなぜ？

ワークシートの記入例

how to use

前ページのワークシートの記入例を掲載します。今回は、部活動の感想文を書くときのことを例に取り、ワークシートを使っていきます。ワークシートの使い方に絶対の正解はありませんが、初めて使うときにはこれを参考にやってみましょう。学校の宿題として出されたときだけではなく、何か面白い出来事に遭遇したときや衝撃的な本に出会ったときなどに、メモがわりとして使ってみてください。日記を書くときに使うのも楽しいと思います。何か文章を書きたいと思ったときに「そうだ、ワークシートを見返して題材を探してみよう」と、振り返ってみてください。

体験した出来事をゆっくりかみくだきながら文章にしていくうちに自分の新たな一面を知ったり、好きなものを増やしていく喜びに出会えます。「書く」という行為を通じて、意外な自分に気づく面白さをたっぷり味わってくださいね。

STEP 01

どんな出来事だったか?

- 誰が　クイズ研究部にいる3年生の先輩と、2年生の僕
- いつ　今年の夏休み
- どこで　東京で開催された、先輩と一緒に出場できる最後のクイズ大会で
- 何をした　決勝進出がかかった早押しで、僕が誤答してしまった。

STEP 02

どんなふうに感じた?

☑嬉しかった　☐悲しかった　☐腹が立った

☑その他　悔しかった

その他にチェックした人は、自分に合った表現を探してみよう!
(例:もやもやした? 恥ずかしかった?)

STEP 03

なぜそう感じたの？ 理由を深掘りして考えてみよう。AにはSTEP02で挙げた感情を書き込んでね。

A

嬉しかったし、
悔しかった

↓

そう感じたのはなぜ？

絶対決勝に行きたかった
から、負けて悔しかった。
けど、先輩が「来年は
絶対優勝しろよ」と背中を
押してくれて嬉しかった。

↓

そう感じたのはなぜ？

先輩とは今まで毎晩おそく
まで一緒にクイズをやって
きた。みんなこの大会に
全力だったし、勝てると
信じていた。
最後の大会だからこそ、
優勝を分かち合いたかっ
た。

↓

そう感じたのはなぜ？

緊張しすぎて誤答してしまったけ
ど、今思えば正解できた問題だと
思う。だから余計に悔しい。
けど、後悔ばかりしていてもはじ
まらない。けど、今年の悔しさを
バネに、来年こそは絶対僕が優勝
しようと決意した。先輩は大学で
もクイズをやるという。大学生に
なってからの先輩の活躍も楽しみ
だし、僕も、先輩に負けないよう
にこれからも精進していこうと思
う。そして僕が大学生になったら、
今度は大学のサークルでまた先輩
と一緒にクイズ大会に出るのが、
今の僕の新しい夢だ。

#03

「なぜ自分はそう感じたのか？」を考えよう

ポイント

☑ **問いをくりかえし、自分の感情の輪郭をうまくつかんでいく習慣を身につけよう**

他人に理解してもらうための最初のステップ

感想文を書くには「書き出すためのきっかけをつかむことが大切だ」ということをここまでお伝えしてきました。感情の起伏を捉えて、嬉しいと感じたり、悲しいと感じたりした場面をピックアップできたら、ここから先が感想文の心臓部分になるところです。

本番に入る前に、感想文の役割を一度おさらいしておきましょう。感想文は、あなただけが持つ視点を、他の誰かにもわかるように共有するためのものです。そのためには、出来事に感情を添えて語ることが必要になってきます。ちょっとシミュレーションしてみましょう。

引き続き『ジョゼと虎と魚たち』を例に考えていきます。この本を読んだことのない人もいると思いますが、シミュレーションなので、読んだつもりになっておつきあいください（笑）。

この物語のなかであなたは「ジョゼが恋人と虎を見に行くシーン」を読んで「幸せな気分」になったとします。

……あれ、出来事と感情のピックアップって、前のページでやったことと同じじゃないの？　そうです。これはあくまで書き出すための「きっかけ」でした。ここからは、このきっかけに肉づけをしていきます。

「ジョゼが恋人と虎を見に行くシーン」で自分が「切ないような、幸せな気分」になったのはどうしてなのか。自分がなぜそういう気持ちになったのか。感情がわき起こった理由を考えていきます。

感想文を書くことで自分の隠れた感情を発見することもよくあります。**言葉にしながら自分を理解していくことが、他**

の人にわかってもらうための最初のステップになります。

自分自身に問いをくりかえし、感情がゆさぶられた理由を考えてみよう

「ジョゼが恋人と虎を見に行くシーン」であなたが「幸せな気分」になったのは、ジョゼがそれまで「家と施設の往復しかしていない女性」だったからでした。そんなジョゼが「好きな人ができたら一番怖いものをみたいと思っていた。怖くてもすがれるから」と言って、満を持して見に行ったのが、虎だったのです。

家と施設を往復するだけの生活は、ジョゼがずっと一人で生きてきたことを物語っています。家と施設の外には頼れる人がいないから、車イスの彼女はそれ以外のところに行けませんでした。「動物園の虎」のような非日常は、彼女が家と施設以外のところにも安心できる場所、頼れる人を見つけられたんだ、ということを読んでいるあなたに実感させてくれます。だから、幸せな気分になったのだと思います。

このように、印象に残っているシーンを思い返しながら、感情をゆさぶられた理由を探してみてください。なぜ？ どうして？ 本当に？ という問いを、心のなかでくりかえしていくことで、自分の感情の輪郭がつかめてきます。

「親に褒められて嬉しかった」「友達とケンカして悲しかった」など、感情をゆさぶられる出来事は日常にたくさん転がっています。そういうときに「褒められて嬉しかったのはなぜなのか」と理由を探ってみましょう。なぜ、の問いをくりかえしていくことで、普段は見えない自分の心の姿を、より具体的につかめるようになります。

他の人にわかってもらうためには、まず自分で自分のことをわかっていることが不可欠です。

感想文を書くときに限らず、退屈な授業中などに「このあいだ嬉しいと思ったのはどうしてなんだろう」と、ぼんやり問いかけてみる習慣がつけば、文章を書くときにも役立ちます。

効果的な順番でつなげてみよう

ポイント

☑ 「起承転結」の枠組みを使って、自分の言いたいことを的確に伝えよう

自分の言いたいことをより的確に伝えるために

ここまで来たら、あと一息です。ここまでの章で「印象的だったシーンをピックアップすること」「自分の感情の起伏を捉えること」「なぜそう感じたのか考えてみること」を通して、感想文を書くのに必要な素材が集まりました。

この節では、これらの素材をつなぎ合わせる方法をお伝えします。どういう順番で物事を書くかで、印象が違ってきます。

例えば、次の二つの文章を見てください。

「普段ＹｏｕＴｕｂｅは見ないけど、ＱｕｉｚＫｎｏｃｋのことは好き」

「ＱｕｉｚＫｎｏｃｋのことは好きだけど、普段ＹｏｕＴｕｂｅはみない」

順番を置き換えただけなのですが、違う意味の文章に見えませんか？「普段ＹｏｕＴｕｂｅは見ないけど、ＱｕｉｚＫｎｏｃｋのことは好き」の方は、ＱｕｉｚＫｎｏｃｋが特別に好きな感じがします。「ＱｕｉｚＫｎｏｃｋのことは好きだけど、普段ＹｏｕＴｕｂｅは見ない」だと、ＱｕｉｚＫｎｏｃｋはたまに見るくらいで、そこそこ好きなくらいに思えます。

同じようなことが、感想文を書くときにも起こりえます。せっかく文章を書くなら、自分の言いたいことが効果的に伝わるような順番で書きたいですよね。

そこで重要なのが、起承転結です。起承転結とは、物事をわかりやすく説明するための枠組みの一つです。「起」はこれから書くものの説明をするためのパートで、物事の背景や、事実を書きます。「承」は、起で書いた事実の詳しい内容や、自分が感じたこと。「転」は、変化やトラブル。「結」

には結末や、次にやりたいことを記します。**起承転結は四つで一つのセットとして語られることが多いですが、感想文を書くときには「転」を抜きにしても構いません。**読書感想文を書くために本を読んだりしている最中に心の変化が起こることもありますが、特に何の変化がないことも、もちろんあります。

感想文で大事なことは自分の感じたことを丁寧に文章に起こしていくことで、変化を書くことではありません。**感想文は「起承結」。大きな心の変化があった場合は「起承転結」だと覚えておくと、文章を組み立てやすくなります。**

最後に、もう一度シミュレーションしてみましょう。第二節から使っている『ジョゼと虎と魚たち』を例にとって、読書感想文を組み立ててみます。

「起」……車イスに乗っているジョゼは、家と施設を往復するだけの生活を送っている。ジョゼはある日、恋人と初めて虎を見に行く。そこで「好きな人ができたら一番怖いものをみたいと思っていた。怖くてもすがれるから」と呟いた。そのシーンが印象に残った（→あらすじと、印象に残ったシーン）。

「承」……このシーンに、ジョゼがずっと一人で生きてきたことが詰まっているように感じた。もし私に好きな人ができたら虎じゃなくて、海の底を見に行きたいと思った（→自分が感じたこと）。

「結」……私にとって一人じゃできないことは、海に潜ることだから。怖いけど一度やってみたい。好きな人とだったらできる気がする（→まとめ）。

「起」では、印象的だったシーンについて説明し、「承」ではそのときに感じたことを書き、「結」でまとめました。

今回の例では「起承結」で書きましたが、「転」を入れてみたり、読む人の興味を引きつけるために、「結」から始めて「結起承」としたりするテクニックもあります。書く順番は違っても、意識することは同じです。

どういう順番であろうと「読む人があなたと同じ視点に立てるように、必要な情報を与えていくこと」が大切です。「起承結」の考え方を覚えておくと「結起承」や「起承転結」でも応用が利き、のびのびと書けるようになります。

#05 小論文は何をするための文章なのか？

ポイント

☑ **小論文の目的は「自分の考え」を読み手に納得してもらうこと**

いよいよ、『文章を読む、書くのが楽しくなっちゃう本』の最終節、小論文を書くのが楽しくなっちゃう節です。小論文の書き方を考える前に、これまで通り、**「小論文の役割って何だろう？」**と考えてみましょう。小論文は平たく言えば**「自分の考えを説明するための文章」**です。小論文という言い方は中学生や高校生の試験・課題でよく使われます。大人になってからはあまり聞かない言い方ですが、大人になってからも書くことがしばしば求められる文章です。

そもそも「自分の考え」とは何なのか？

では、「自分の考えを説明する」というのはどういうことなのでしょう？ まず、「自分の考え」とは何なのか考えていきます。

みなさんは普段、「問題」について考えることはありますか？「明日提出の数学の宿題の問3がわからない！」という声も聞こえてきます。それも大問題でしょうが、例えば、「お年寄りには席を譲るべきなのだろうか？」とか、「自分は理系に進んだ方が良いのだろうか？」とか、「みなさんに文章を好きになってもらうにはどんな本を書けばいいのだろうか？」など、全員が同じ答えを出すとは限らない問題にも、みなさんは少なからず出会っていると思います。

そういった問題について、何かしら意見を持つこともあるでしょう。**小論文で説明する「自分の考え」とは、このように、自分が向き合っている問題と、それに対する意見のことです。**とはいえ、こういった意見をしっかりとした文章にまとめることは少ないですよね。だから、いざ「あなたの考えをまとめてみて」と言われても、「考えていたことをうまく表現できない……」と戸惑ってしまうかもしれません。

でも、もし「自分が向き合っている問題」と「自分の意見」が何となくであってもわかっているのなら、あともう一歩です。**小論文として自分の考えを説明するために必要なのは、これまで他の節でもやってきたように、文章の目的と機能を整理しながら進めていくことです。**

「説明する」とはどういうことか？

では、「説明する」とはどういうことでしょうか。「お年寄りには席を譲るべきだ！　私は絶対にそう思う！」というのは、説明になっているでしょうか。なっていませんね。これでは、読者があなたの意見に納得してくれません。読者に納得してもらうのが、小論文の目的と言えます。そのためには、**自分の意見を書くだけではなくて、その意見を持った理由まで、読む人がわかりやすいように筋道立てて書いておかなければなりません。**

「お年寄りには席を譲るべきだ。なぜならば、お年寄りは筋力が弱く、立ったままだと車両の揺れで転んでしまい、大怪我を負ってしまう可能性が高いからだ」のように、**問題に対する意見を筋道立てた理由とともに書いて、読んだ人に納得してもらうことが小論文の役割なのです。**

「自分の考え」を
筋道を立てて説明しよう
文章の目的と
機能を
整理するのデス

#06 「どちらでもいい」を「こちらがいい」に変える

ポイント

☑「歴史」と「数字」を用いて、読み手に納得感を持たせよう

なぜ、理由を説明しなければいけないのか？

でも、どうして意見を言うだけではなくて納得させる理由までしっかり書かなければいけないのでしょうか。それは、数学の問題などとは異なって、小論文で取り組む問題の答えはたった一つではないかもしれないからです。「お年寄りには席を譲らない方がいい。なぜならば、お年寄りは筋力が弱く、座ったり立ったりという動作自体で怪我をすることがあるからだ。立ったままの方が余計な動作をしない分安全だ」という意見が他の人から出たとき、二人で議論をすることでより良い意見を出すことができるかもしれません。二人分の力です。

文章はシェアするためのものです。問題や意見、考えをシェアしてより深く考えるために、小論文の書き方を学んでいきましょう。

自分の夢や決定に理由はある？

さて、直面している問題について自分の意見を述べるのが小論文だ、ということがわかってきました。では、その意見はどんなふうに生まれてきたのでしょう。将来就きたい職業はありますか？　その職業に就きたい理由をはっきりと言えますか？　スーパーのレジ袋廃止に賛成ですか？　反対ですか？　環境に悪そうだから賛成？　具体的にどんなところが環境に悪いか説明できますか？

どうでしょう。意外と、「何となくそう思っているだけ」で理由をうまく説明できないものが多くはないでしょうか。

何となく思っていることに説得力を持たせて説明する

何となくだったとしても、それがあなたの意見ですから、まずは大事にしましょう。何となくでも、そういう意見を持ったということは、何かあなたの心に引っかかる部分があったはずです。それをうまく言葉にするためのヒントを探してみましょう。そんなときに頼りになるのが、その問題の**「歴史」と「数字」**です。

理由の作り方1　歴史

レジ袋の是非を考えるきっかけとなったニュースでは、レジ袋がいつ頃使われるようになって、それから環境にどんな影響が出ているのかを説明していたはずです。多くのウミガメが死んでしまっているということが紹介されたり、焼却炉から有害物質が発生したり。実はそれを改善するために高温の焼却炉が作られて有害物質は少なくなっているなど、一つの事柄にはいろいろな歴史があります。

そういった**歴史を踏まえた上で、自分の意見がどんなものなのかを書くことができれば、説得力のある文章になるでしょう。**

理由の作り方2　数字

説得力のある理由にするには、話題になっていることの数字に着目してみるのも良い方法です。ウミガメはどれだけ死んでしまったのか。これまでに一匹しかいないなら不幸な事故で、レジ袋を廃止にするほどではないのかもしれません。数万匹いて、年々増えているということであれば、ウミガメを守るためには廃止にした方が良いのかもしれません。

数字を調べてただ書くだけではなく、数字からわかることを丁寧に書くとより説得力が生まれます。大切なのは理由を考えて書くことで、あなたが何となく抱いている意見をもっと鋭い意見にしていくことです。

それでは実際に、次のページのワークシートを使って、自分の意見を整理してみましょう。

実践編

これで簡単！小論文ワークシート

この本で解説していることを踏まえながら、小論文を書くためのワークシートを用意しました。課題で何か書かなければいけないときや、自分の考えをしっかりとした文章にしたいとき、このワークシートを使って自分の考えをまとめるためにぜひ役立ててみてください！

問題を書こう

● 問題の形に注目！（「はい」か「いいえ」で答えられる問題／選択肢を選ぶ問題／「どうやって？」や「なぜ？」を答える疑問文／その他）

問題の答えをいろいろ書こう

● 自分の意見っぽいものがあれば最初に書こう。
● 他の人が言いそうなことでもいいので答えを書いてみよう。自分の意見とは反対でもＯＫ！

答えの理由を書こう

● 答えの理由はいくつ思いつく？ ● 理由がたくさん思いつく方が自分の意見かも。 ● 後で具体例として書くことになるかも。

問題の答えを一つ選ぼう

● これが自分の意見です！

要約しよう

● 長くするのは後回し。

● ABT構文が助けになるかも。（ABT構文はP104で説明しているよ！）

そして、
しかし、
それゆえに、

具体例を選ぼう

● 理由のなかから自分の意見を支えてくれるものを選ぼう。

一つの文章にまとめよう

● 問題→結論→具体例→結論の順に並べよう。

これで簡単！小論文ワークシート記入例

前のページのワークシートに、#06でも出していた事例を使って具体例を記入してみました。使い方に絶対はありませんが、この記入例を参考にしながら、自分の書きたいテーマでどんなふうに埋められるかを考えてみてください。

問題を書こう

● 問題の形に注目！（「はい」か「いいえ」で答えられる問題／選択肢を選ぶ問題／「どうやって？」や「なぜ？」を答える疑問文／その他）

レジ袋って使わない方がいいの？

問題の答えをいろいろ書こう

● 自分の意見っぽいものがあれば最初に書こう。
● 他の人が言いそうなことでもいいので答えを書いてみよう。自分の意見とは反対でもＯＫ！

・はい（使わない方がいい）
・いいえ（使ってもいい）

答えの理由を書こう

● 答えの理由はいくつ思いつく？
● 理由がたくさん思いつく方が自分の意見かも。
● 後で具体例として書くことになるかも。

・環境に悪い（使わない派）
・毎回替えるので衛生的（使う派）
・実は高性能な焼却炉のおかげで環境には悪くないらしい（使う派）

問題の答えを一つ選ぼう

● これが自分の意見です！

レジ袋を使うことに賛成！
・「環境に悪い」では具体例が書けないかも？と考えてみると後で楽に！
「どんなふうに」環境に悪いのか、「何が」環境に悪いのかを考えるクセがつけばもっと簡単になるね！

要約しよう

●長くするのは後回し。　●ＡＢＴ構文が助けになるかも。（ＡＢＴ構文はＰ１０４で説明しているよ！）

そして、日本でもレジ袋が有料化された。
しかし、レジ袋は買い物を楽にするもので、また衛生的でもある。最近は環境に負荷のない焼却炉などもできた。
それゆえに、わたしはレジ袋を使うことに賛成である。

具体例を選ぼう

●理由のなかから自分の意見を支えてくれるものを選ぼう。

・毎回替えるので衛生的。
・実は高性能な焼却炉のおかげで環境には悪くないらしい。

一つの文章にまとめよう

●問題→結論→具体例→結論の順に並べよう。

レジ袋の環境への影響が問題視されている。最近日本でもレジ袋が有料化されるなど、私たちの生活にもその問題意識が目に見える形で表れてきた。私はレジ袋の有料化や、それにともなった買い物袋持参の流れから、世間的にはレジ袋の使用に反対なのだろうと思う。

しかし、私はレジ袋の使用に賛成である。以下で、その理由を二つ挙げて説明する。

一つには、衛生的な理由がある。レジ袋は毎回新品をもらい使い捨てるものである。特に買い物の頻度が多いのは生鮮食品であるが、これらを毎回新しい袋で持ち運ぶことで衛生面のリスクを回避することができる。食品の買い物は毎日のことなので、持参の買い物袋をこまめに洗濯する手間などを考えると、レジ袋を使った方が良いと言える。

次に、レジ袋がそれほど環境に悪くないかもしれないという理由を挙げることができる。レジ袋はそもそも石油製品であり、近年の焼却炉であればプラスチックを燃やした際に発生すると言われる有害物質をほとんど出すことなく焼却できる。その熱で発電をするごみ発電に取り組む自治体もあるくらいだ。不法に投棄したりせず、正しく捨てれば環境への影響は少ないと考えられる。

これらの理由から、私はレジ袋を使うことに賛成である。これからも便利で衛生的なレジ袋を活用していきたい。

#07 文章の説得力をあげるための具体例

ポイント

☑ 読み手を説得して同じ目線に立ってもらうためには、自分の経験や知識を用いた具体例が大切

具体例を用いて読み手を引きつけよう

小論文が何を目的とした文章なのか、あなたがどんなことを書いたらいいのかについては、何となくイメージができるようになってきたでしょうか。ここからは、あなたが自分の考えをまとめて発信するときに、おさえておきたいポイントを紹介していきます。

小論文の目的は、あなたの考えを読み手に伝えて説得することでした。読み手を説得するということは、読み手にあなたと同じ目線に立ってもらうということです。そのためには、読み手があなたと同じように問題を問題だと考え、さらにはあなたと同じような意見を持つようになってもらわなければいけません。

ですが、あなたが取り組んでいる問題を、読み手はよく知らないかもしれません。興味がないかもしれません。だから、**読み手が興味を持ったり、問題をはっきりとイメージできるような状態を作らなければなりません。そのために必要なのが具体例です。**

ここまで例として挙げてきた「レジ袋廃止」の問題であれば、「レジ袋が自然環境を破壊している」と言うだけでは、環境問題に詳しくない人はピンと来ないかもしれません。そんなときには、「海に捨てられたプラスチックゴミをクラゲと間違えて食べたウミガメがたくさん死んでしまっている」といった環境破壊の具体例を出すことで、読み手はトピックの大切さを実感できるようになって、あなたの意見を聞く心の準備ができるのです。

自分の経験を書くのが効果的

小論文を書くときには、自分の意見を書くことがほとんどです。ですから、**具体例を自分の経験から書くのが効果的です。問題意識が自分の経験に基づいているならなおさらです。**

私は高校入試が推薦入試だったので、小論文を書く機会がありました。テーマを与えられて環境問題について書いたような記憶があります。小論文があるということで、受験対策として練習をするのですが、その文章のできはあまり良くありませんでした。具体例がうまく書けなかったために問題をうまく説明できないまま、何となくありきたりな意見しか書けていなかったのです。その後、無事に入試を通過して高校には入学できました。

小論文で落とされなかったということは、入試までに少しは改善したのでしょうが、その前から意識して書けていれば良かったのになと思って、今こうして具体例の大切さを書いているわけです。

どうでした？ 私の経験に基づいて、具体例の重要さを具体例とともに書いてみました。

経験がなかったら、物知りが勝つ

では、使えそうな経験がないテーマについて書かなければいけないときにはどうすれば良いのでしょう。ここで、勉強の成果が試されることになります。自分が意見を言わなければならないことについて、普段から情報を集めていたり、ニュースを見聞きしたりしていると思います。それを使って具体例を出していきましょう。

レジ袋を飲み込んでしまうウミガメの話は、私の実体験ではありませんが、ニュースなどで見聞きした内容です。いろいろなことを知っていれば、何かを説明するときに大いに役に立つでしょう。

とはいえ、物知りになろう！ というのはこの本では後回しです。まずは自分の文章の構成や役割を見直して丁寧に書いていくことから始めていきましょう。

#08 文章の説得力をあげるための論理的な構成

ポイント

型や順序を意識することで、自分の意見が自然と整理されて本筋を相手に伝えることができる

ABT構文を意識しよう。And, But, Therefore

小論文では、あなたの意見を伝えることが求められます。そして、その意見は理由と一緒になることで説得力を持たなければなりません。しかし、理由をうまく使って自分の意見の説得力を上げるそのやり方がよくわからない、という悩みを抱えている人は多いのではないでしょうか。そこで、ここでは自分の意見を正当化するときの文の大まかな形であるABT構文を紹介しようと思います。

ABTとは、And（そして）、But（しかし）、Therefore（それゆえに）という接続詞の頭文字です。実は、右の段落はABT構文で書かれていました。このように、**ABT構文とは、問題意識や、これから話すことの本筋を相手に伝えるのに役立つ形なのです。**うまくまとまっていない考えでも、一旦この形にしてみると、ぐっと見通しがよくなります。

こういった型を使いながら自分の意見を伝える練習をすることで、自分が変なことを言ったとしても自分で気づけるようになっていきます。**意見が自然と整理されて、「何を言いたいのかわからない」ということが減っていくのです。**

順序を意識しよう

意見を伝えるとき、物事を順序良く並べることも大切です。思いついた順に並べるのは、アイディアを出すときにはいいかもしれませんが、相手に伝えるときには、わかりやすい順序に並べた方が親切です。

【時間の順】

もっともわかりやすいのは「時間」の順に並べるということです。**過去、現在、未来の順に並べるのが自然です。**

1. レジ袋は便利だということで導入されたが、焼却炉で燃やすとダイオキシンが発生し、健康被害が出てしまっていた。(過去)

2. ところが最近は高火力で燃やせる焼却炉ができたため、ダイオキシンはほとんど発生しない。(現在)

3. したがって私は、衛生面のことも考えて、レジ袋を活用していこうと思う。(未来)

といった具合です。もちろん未来から順に過去へ並べてもかまいません。ただ、たいていの場合、自分の意見は過去の出来事を踏まえて未来へと向かっていくことが多いと思います。**読む人を混乱させないように、自分の意見と照らし合わせながら並べてみましょう。**

【まとまりの順】

理由や主張が二つ以上あるとき、つながりのあるものを一つのグループにしてまとまりごとに書いていきましょう。さっきまでウミガメがレジ袋を呑み込んでしまう話をしていたのに、突然ダイオキシンの話になってわからなくなった、ということがないように気をつけましょう。

・レジ袋は自然の動物たちへの害という点から廃止すべきである。ウミガメが海に投げ捨てられたレジ袋を呑み込んでしまい数を減らしているという話もよく聞く。人間の都合で他の動植物に害を与えるのは考えものだ。

・また、人間自身への害という点からも廃止すべきである。整備されつつあるとはいえ、古い焼却炉を使っている自治体は多い。そこでレジ袋を燃やせば、ダイオキシンが発生し、私たちに健康被害をもたらすことは想像できる。

ここでは、自然への害と人間への害ということでグループ分けして並べてみました。こんなふうに、**主張と理由が、内容でしっかりと結びついたまとまりを作っていくことがポイントです。**

#09 しっかりとした構成を作って、そこにパーツを当てはめよう

ポイント

☑ 説得力のある文章を書くために、構成に「考え」「理由」「具体例」などの要素をうまく当てはめよう

ここまで読んできたことを使って、自分の意見を一つの文章にまとめていきましょう。

まずは自分の考え（パーツ1）

自分の考えを明確にしてみましょう。問題意識と結論がポイントです。例えばここではレジ袋の是非を問題に据えます。結論はここではレジ袋に賛成ということで考えてみましょう。

それを補強する理由（パーツ2）

結論を支えて、補強してくれる理由を探しましょう。理由には具体例が添えられていると良いですね。

レジ袋に賛成の理由は、

1．**買い物が楽になる。**
2．**毎回きれいな袋を使うので清潔。**
3．**最近の焼却炉なら燃やしても発生する有害物質は少ない。**

の三つにしましょう。

具体例を考えよう

理由一つにつき、一つ具体例があればとても説得力のある文章になります。レジ袋が便利だという具体例はすぐに思いつきそうですね。自分のコンビニでの経験などを書けば良さそうです。袋がなくて不便だった話も良さそうですね。具体例は反対のことを言うことで重要性を浮き彫りにすることもできますので効果的に使いましょう。

ABT構文で要約しよう（構成1）

ABT構文に当てはめて自分の意見を整えていきます。例えばこんな感じです。

レジ袋は環境への影響が問題視されてきている。そして、日本でもレジ袋が有料化された。しかし、レジ袋は買い物を楽にするもので、また衛生的でもある。最近は環境に負荷の少ない焼却炉などもできた。それゆえに、私はレジ袋を使うことに賛成である。

全体の流れを書いてみましたが、一つ一つの理由を述べるときなどもABT構文は使えます。この形で書くことで文章を要約できるので、流れに困ったときは思い出しましょう。

順序良く並べよう（構成2）

特に理由を書き並べるときなどに順序に気をつけて書いてみましょう。環境問題の話をしていたのに突然清潔さの話になっていた、なんてことがないように気をつけます。話題一つごとに段落を変えると自分の書いていることのまとまりが意識できてオススメです。

このような形で要素や構成を考えていけば、説得力のある文章を書いていけるようになるはずです。自分に身近な問題に、ワークシートを使って取り組んでみましょう。

「説得力」を持つ文章を書くために、構文を意識しよう！
うまく「当てはめる」のデス

「てにをは」（助詞）に着目してみよう

QuizKnock writer【あさぬま】

みなさんは、文章を読むときや書くときに、「てにをは」を気にしていますか？

「てにをは」とは、現代の日本語において助詞を指す言葉です。例えば、「図書館で本を借りる」という文の「で」や「を」のことです。もとは漢文を読むときに補っていた仮名で、それらが漢字の周りを「テ、ニ、ヲ、ハ」の順に囲んでいることからこの名が付きました。

生まれたときから日本語に囲まれて育ってきた人であれば、あまり意識することなく「てにをは」を使いこなすことができます。そのため、その使い方や意味をあまり気にしない人も多いのではないでしょうか。

ところが、**「てにをは」つまり助詞は、文章のなかである言葉が他の言葉とどんな関係を持っているかを教えてくれる大切な役割を果たしています。**はっきり意識していなくても、私たちはこの「てにをは」をヒントにして相手が言おうとしていることを読み取っているのです。

文章のなかの「てにをは」にもっと気をつけられるようになれば、論説文をより正確に読み取ったり、小説文で登場人物の心情に気づいたりすることができます。また、人に伝わりやすい文章を書けるようにもなります。

ここでは、いくつかの例を見ながら助詞の重要性について考えてみましょう。

助詞はそれぞれ、言葉と言葉をどんなふうにつなぎ合わせるのか、という決まった役割を持っています。そしてそのなかには、似たような意味の文章を作り出す助詞もあります。

ところが、同じ意味に見える文章でも、助詞が違うとニュアンスが微妙に変わってくるのです。

まずは次に示す二つの文を見てみましょう。

例1

＊**山本さんが伊沢さんに相談する。**
＊**山本さんが伊沢さんと相談する。**

「に」と「と」以外はまったく同じ文ですが、違いがわかるでしょうか。それぞれの文が表している状況を具体的にイメージしてみましょう。「に」を使った文では、山本さんが何か心配事を抱えていて、伊沢さんからアドバイスをもらおうとしている場面を想像することができないでしょうか。「相談する」という動作を行っているのは山本さんだけです。それに対して、「と」を使った文では、山本さんと伊沢さんは対等な関係で、お互いに意見を言い合っている場面を想像することができます。「相談する」という動作を、主体となる山本さんも、その相手である伊沢さんも行っているのです。

このような助詞のはたらきをもっとよく実感するために、例文の「山本さん」と「伊沢さん」を入れ換えてみましょう。

例1.1

＊**伊沢さんが山本さんに相談する。**
＊**伊沢さんが山本さんと相談する。**

「に」では、山本さんと伊沢さんの立場が逆転しました。一方、「と」では、文章の意味は変わりません。「に」も「と」も、動作や作用の相手を表すときに使われる助詞です。しかし、「に」を使うと主体が相手に対して一方的に動作を行い、「と」を使うと主体と相手がともに動作を行うような意味になります。
続いて、別の例を見てみましょう。

例2

＊ふくらPは、ピーマンとにんじんが苦手だ。
＊ふくらPは、ピーマンやにんじんが苦手だ。

ふくらPがピーマンもにんじんも苦手なことはどちらの文からもわかりますが、**「と」になるか「や」になるかで、苦手なものの範囲が変わってきます。**

「と」を使った文では、苦手なものはピーマンとにんじんだけで、他にはないという印象を受けます。これに対して「や」が使われた文では、ピーマンもにんじんも苦手だけれど、話題にしていないだけで他にも苦手なものはある、という印象が伝わってきます。

「と」にも「や」にも、同じ仲間を列挙してそれらをつなぐはたらきがありますが、それぞれの助詞が指す範囲には差があります。

「と」は、それがつないだものだけで完結し、そこに示したものの他には存在を認めない意味合いを持っています。それに対して「や」は、話題に当てはまるものが他にもあることを示唆するニュアンスを持っています。

このように、同じ言葉を使っても、助詞が変わると意味にも違いが生まれます。この微妙な違いに気づくことができると、文章を読み書きする力がぐっと上がります。

これまでとは異なり、同じ助詞を使った同じ用法でも、複数の意味がある例もあります。

例3

＊**これはこうちゃんのクイズだ。**

この文における「クイズ」とは、どんなクイズでしょうか？
まず、「こうちゃんにまつわるクイズ」という解釈ができます。また、「こうちゃんが作ったクイズ」とも考えられるでしょう。さらに、「こうちゃんに出題するために作られたクイズ」という捉え方をすることも可能です。
同じ文から、三通りもの意味が生まれてしまいました。これだけではどんなクイズかわかりませんね。**「の」には多数の用法があるため、複数の捉え方ができてしまいます。**こう書いてあると、書き手が伝えたい内容が、読み手に正確に伝わりません。
例3の二つ目と三つ目の解釈文を、それぞれ「による」と「のための」に置き換えてみましょう。

例3.1

＊**これはこうちゃんのクイズだ。**
＊**これはこうちゃんによるクイズだ。**
＊**これはこうちゃんのためののクイズだ。**

三つの文がそれぞれに意味を持ち、違いが前よりもはっきりとわかるようになりました。こうすれば、書き手の意図をより正確に伝えることができます。

まとめ

助詞はそれだけで文節を作ることも活用をすることもないため、あまり目立たない存在です。文章を読み書きするときに大切なことを聞かれて、「まず助詞に着目する！」と答える人はあまりいないでしょう。しかし、言葉と言葉の関係や意味を決めたり、聞き手や読み手へのはたらきかけを示したりと、その役割はとても重要なものなのです。「てにをは」にまで気を配ることができれば、文章を読むときも書くときも、周りを「おっ」と思わせられるようになりますよ。

【参考資料】松村明編（一九七一）『日本文法大辞典』明治書院　金田一春彦（一九八八）『日本語　下』岩波新書　ジャパンナレッジ https://japanknowledge.com/library/

クイズの問題文を「書く」ときのポイント

クイズの問題文には「独自の型」や「注意すべきポイント」があります。QuizKnockライターがどんなところに配慮をしてクイズの問題文と向き合っているのかを感じ取ってみてください。

QuizKnock writer【セチ】

クイズを出すためには、問題文と答えを考えなければなりません。**そして多くの場合、答えとなる事実が先にあって、後から「どういう問題文にしよう?」と考えることになります。**「日本一高い山は何?」とか、画像を示して「これは何?」くらいならともかく、より多くの情報を問題文に盛り込みたい場合は工夫が必要です。このコラムでは、クイズ(特に、QuizKnockの記事やクイズ番組で出されるような「知識を問うクイズ」)の問題文を書くときに気をつけたいポイントについて述べていきます。「友達にクイズを出したい!」という方は、ぜひ参考にしてみてください。

クイズの問題文は、感想文や小論文といった文章とはジャンルが違うかもしれませんが、**解答者(読者)のことを想像しながら、どんな工夫をしたら内容が伝わりやすいのか、と考えていくところは同じです。**それでは、クイズの問題文を作るときにどんな工夫が必要なのか、考えてみましょう。

まず前提として、この手のクイズは**「正解されるために作られる」**ものである、ということがあります。解答側の能力が及ばないために正解されない問題はもちろんありますし、出題側が難易度の高い問題を狙って出すこともあるわけですが、答えを導くための知識を十分持っている人が読んで(あるいは聞いて)正解できない問題を出すことは避けなければなりません。バッティングセンターにあるピッチングマシンが、速さに差はあれ必ずストライクゾーンにボールを投げ込むのと同じです。
では、ストライクゾーンに入る問題を作るためにはどんなことに注意すればいいのでしょうか。
私が考えるもっとも重要なポイントは、**「答えが十分に限定されているか」**ということです。
例えば、次のような問題（例1）があったとします。

例1

青、白、赤の三色が使われた国旗は、どこの国のもの？

フランス国旗やロシア国旗など、この三色だけが使われる国旗は複数ありますし、この三色と他の色が使われる国旗はさらにたくさんあります。このような問題文では答えを一つに絞れません。ある特定の国を答えにしたければ、たった一つの答えまで絞り込めるヒントを問題文に入れなければなりませんし、どの国を答えても良いのであれば「～国旗を持つ国を一つ挙げなさい」のようにした方が親切な問題と言えるでしょう。出題する側と解答する側の想定が食い違うとさまざまな不都合が生まれてしまうので、**「この問題で答えてほしいのはこれ！」ということを解答する側に伝えるという意味でも、答えの限定は非常に重要です。**

例1.1

左から青、白、赤の三色が並んだ国旗を持つ、ヨーロッパの国はどこ？（答え：フランス）

「左から……並んだ」という書き方で色の配置が示され、さらに「ヨーロッパの国」とまで限定されているため、この問題の答えは「フランス」以外にありません。こちらは例1に比べて、より正解されるための配慮がなされた問題であると言えるでしょう。

他のポイントとして、**「伝わりやすい言葉を選べているか」**にも注意する必要があります。

ここで言う「伝わりやすい言葉」というのは状況に応じて変わります。ＱｕｉｚＫｎｏｃｋの記事にのせる問題の場合は、なるべく多くの人に引っかかりなく読んでもらいたいので、パッと見たときに意味が取りやすい言葉を使い、一般的な知名度の低い用語・固有名詞には説明をつけるようにしています。それに対して、クイズサークルの仲間内で出す読み上げの早押し問題の場合は、解答者が知っていそうな固有名詞にあえて説明をつけないこともありますが、耳で聞いたときの理解しやすさには記事の問題以上に気を配っています。次の問題（例2）を見てみましょう。

例2

日本語では「紅炎（こうえん）」という、太陽の彩層（さいそう）からコロナのなかに立ち上るガス体を何という？
（答え：プロミネンス）

「紅炎」という文字列を見れば、用語として知っている人はそれだけで正解にたどり着くことができますし、そうでない人も「紅い炎みたいなものが答えだろう」と推測することができます。しかしこの問題が読み上げられた場合、解答者には「日本語では【こうえん】という」と聞こえることになります。【こうえん】と読む熟語は非常に多いので、「紅炎」という言葉を真っ先に思い浮かべるのは難しいです。いきなり聞いたら、ほとんどの人が「公園」や「講演」のような単語を思い浮かべるのではないでしょうか。「熟語の変換が得意な人に正解してほしい」という意図であればこのままでも良いのですが、そうでない場合は違う情報を盛り込んでわかりやすくしてあげる工夫が必要です。

例 2.1

日本語では「紅い炎（あかいほのお）」と書いて「紅炎」という、……

例 2.2

皆既日食のときには肉眼でも紅い炎のように見える、……

例2・1では漢字の説明が入っているので、読み上げたときのわかりやすさは例2に勝っていますが、QuizKnockの記事のような文字ベースでの出題の場合には説明がしつこく感じられてしまいます。例2・2は現象について説明しているため、文字ベース、読み上げのどちらにも対応できますが、「日本語では紅炎」という元々あった情報がなくなっています。このように、どんな問題文が良いかは出題する相手や形式に応じて変わってくるので、一概に「これが正解」とは言えませんが、**自分で問題文を作るときは出題意図をもっともよく反映する言葉を選ぶことをオススメします**。

ここまで、クイズの問題文で特に注意すべきこととして「**答えの限定**」「**伝わりやすい言葉選び**」という二つのポイントを紹介してきました。クイズの問題文にある種の特殊性があるのはたしかですが、「問題文」である以前に日本語の文章です。「てにをは」の使い方など、基本的なルールは普通の文章と変わりません。そこまで身構えなくても、「**自分の考えていることを相手に伝えたい**」という気持ちを持ってチャレンジすれば、徐々に良い問題文を作れるようになると思います。このコラムを読んだあなたが、クイズというコミュニケーションを楽しめるようになることを願っています。

※参考：コトバンク（デジタル大辞泉他）「プロミネンス」（二〇二〇年七月二三日閲覧）

特別対談

「クイズ文」で文章はうまくなる!?

辞書を編むかたわら、クイズやディベートを取り入れた独自の文章指導をされている日本学者の飯間浩明先生をゲストに迎え、クイズ王・伊沢拓司との対談を実施しました。飯間先生が提唱する「クイズ文」とクイズとの共通点、文章が上達するための秘訣を熱く語り合っていただきました。

「クイズ文」とクイズとの共通点とは？

伊沢　飯間先生の**『非論理的な人のための 論理的な文章の書き方入門』**（ディスカヴァー携書）を拝読しました。冒頭から終わりまで一本筋の通った明解な内容で大変勉強になりました。

飯間　ありがとうございます。私がこの本で伝えようとしていたメッセージは、ほとんど一言で表すことができます。文章というのは、**①まずクイズのような「問題」を設定して②その問題に対する自分の「結論」を書いて、③どうしてその結論になるかの「理由」を書けばわかりやすいものになる、ということ。「問題・結論・理由」という三つのワードがセットになった文章を「クイズ文」と呼んでいます。**

伊沢　**僕も、クイズには「問題・結論・理由」が概ね含まれていると考えています。結論は、一般的には問題の答えに当てはまりますよね。理由は問題文のなかで言及されることが多いです。**特殊な場合ですと、理由部分を答えにして、結論を問題文で言及するというパターンもあります。

飯間　クイズには理由がないタイプもありますよね？「オーストラリアの首都は？」「キャンベラです」で終わるような、いわゆる「当てもの」も。

伊沢　たしかにそういったクイズも多いですね。ただ、テレビ番組で出題されているようなクイズは基本的に、問題が出されて、その答えが示されて、面白い解説がついてくる。そういう意味で、クイズ文と同じように「問題・結論・理由」の三つが揃って視聴者に納得感を与えるものになっています。

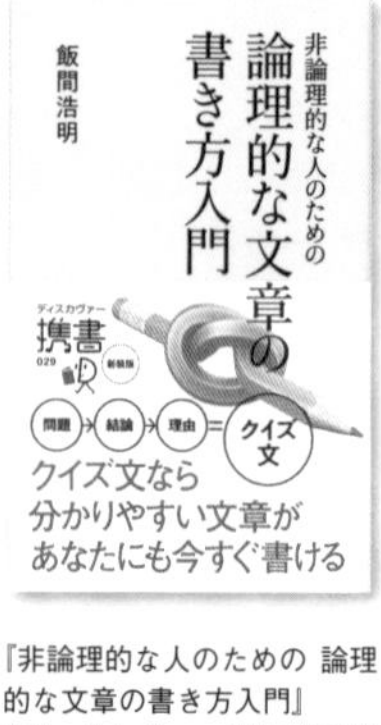

『非論理的な人のための 論理的な文章の書き方入門』（ディスカヴァー携書 2008）。「クイズ文」の形式をわかりやすく伝えるベストセラー。

飯間　なるほど。ＱｕｉｚＫｎｏｃｋのクイズは特にそうでしょうね。文章の場合も、「問題・結論・理由」があれば納得感があるんですが、私たちはそういうタイプの文章ばかり読んでいるわけではありません。日常的に目にするのは、むしろそうではないタイプが多い。「身辺雑記」のように、そのときそのときの出来事を記して、感想を添えるようなタイプです。こういったタイプの文章を私は日記文と呼んでいます。**日記文は「事実」と「感想」から構成される文章で、相手を論理的に説得しようというものではありません。**

伊沢　飯間先生の本でもこの区別がされていましたよね。自分が何のために文章を書くのかを意識するという意味で、普段からクイズ文と日記文を意識的に区別する必要があるのかなと考えています。

飯間　ええ。みんなが日常的に書いている日記やブログ、ＳＮＳなどの文章の多くは、まさに日記文です。これはわざわざ教わらなくても書けてしまう。文章を書くのが苦手な人も、長文のＬＩＮＥをやりとりしているわけですからね。

伊沢　日記文とクイズ文の区別については、クイズを解く上でも重要だと考えています。クイズを作る以前に解く側として両者の区別がついていると早く解けますし、そもそも多くのクイズは「一意性」を大事にしています。

飯間　「一意性」というのは、答えが一つに決まるということですね。

伊沢　はい。日記文では、前の文章と後ろの文章が論理的につながらないので、一意性を保てないですよね。例えば、「電車が止まった」という出来事に対して、嬉しいと思う人もいれば、悲しいと思う人もいます。**感情は一意性を持たないので、クイズにはなりません。**

飯間　感想では解答にならないわけですね。一意に決まるはずのクイズなのに、解答者が自分の感想、思いつきを言おうとすると解けない、という例はありますか？

伊沢　僕が昔作ったこんな問題があります。

『ニューズウィーク』二〇一九年四月三〇日号で「世界が尊敬する日本人100」に個人として選ばれた二人の架空の人物とは、主に画面内で活躍するキズナアイと画面の内外で活躍する誰？

飯間　実際に『ニューズウィーク』が架空の人物を選んだということですね？

伊沢　はい。一〇〇人のなかに架空の人物が二人入っていました。画面のなかで活躍するキズナアイは、バーチャルユーチューバーですよね。これは難問なのですが、答えはホラー映画に登場する「貞子」です。貞子は映画のなかでは、テレビ画面のなかから出てくるので**「画面の内外で活躍する」**と表現しています。

飯間　「内外」が引っかけになっていますね。ここを無視して、「キズナアイ以外のもう一人」を思いつきで挙げていっても解けない。

伊沢　はい。「～架空の人物とは、キズナアイと誰でしょう?」だけではノーヒントになってしまいます。日本で活躍するフィクションの人物だと「ドラゴンボールの孫悟空」とか「世界に名だたるドラえもん」など、どんどん広がっていってしまいますよね。**解答者が「画面の内外で活躍する」というヒントを論理的に読み解くことで、その「一意性」に気づき、「貞子」という答えにたどり着けるわけです。これによって、『ニューズウィーク』が書いた日記文的な一覧表が非常に論理的なクイズに変化します。**

飯間　ひねりがあって面白いです。「画面の内外で活躍する」という言葉をヒントにして論理的に読み解くことができれば、「解けるクイズ」に変わりますね。画面のなかの存在で、かつ、リアルな存在というのは、普通はありそうにないけれど、よくよく考えれば、貞子だけは劇中でテレビから出てくるシーンがある。つまり、フィクションでもあり、リアルでもある存在だと。「そうか！　そういうのがいたな」ということになりますね。

伊沢　はい。納得感を生むことができます。日記文的なクイズだと当てずっぽうで終わりなんですよね。

飯間　国語のテストでも、問題文を論理的に読み解くのではなく、思いつきの感想を答えようとする人がいます。これだと、正解にたどり着けないいんです。

小説の文章を示して「主人公の気持ちを答えなさい」という問題がよくあります。解答者は「『気持ち』なんか他人にわかるかよ」と、思いつきで何か書こうとしますが、出題者は、決して感想を求めているわけではないんです。

例えば、登場人物が手紙を破ったとしますね。その気持ちを想像で答えるのは簡単です。「悲しい気持ち」「照れ隠しのために破った」など、いろいろと思いつきます。でも、問題文を読み進めると、数行後に「あいつとはこれでおさらばだ。せいせいした」などの記述があるわけです。そこに気づけば正答できます。**つまり、国語の小説問題も、ちゃんと一意に定まるんです。**

伊沢　はい。クイズも国語の小説問題も、一意性が重要だと考えています。僕が長年師事している林修先生も、小説文を論説文と同じように解きなさいという指導をされていました。

飯間　論理的に読み解くためのエビデンス（証拠）が文章のなかにあるはずだから、それを見つけることが重要ですね。もっとも、たまに一意性のないテスト問題を作る先生がいるので、ちょっとややこしくなるんですが（笑）。

クイズ文の「四つの型」を意識しよう

飯間　ここでクイズ文の「四つの型」を解説しておきましょう。一番単純なのが「**Ｙｅｓ or Ｎｏ型**」（**ディベート型**）です。「はい」か「いいえ」で答えられるようなタイプの問いかけですね。「日本にカジノを導入することはＯＫかＮＧか？」というように、ディベートのフォーマットなどとしてよく使われます。

次に、少し難易度が上がるのが「**Ｈｏｗ型**」（**課題解決型**）です。「どうしたら目下の懸案を解決できるのか」を問います。「商店街の落書きをどうしたらきれいにできるのか」「ある地域の紛争をどうやって解決するのか」などというのも「Ｈｏｗ型」です。選択肢のなかから答えを選ぶのではなく、自分で結論を考え出さなければいけないところが難しいんです。

三つ目が、「**Ｗｈ－型**」（**択一型**）です。「どれ（どちら）にしたらいいか」を問います。選択肢があらかじめいくつか存在しているので、「Ｈｏｗ型」よりも結論は出しやすいかもしれません。

最後に「**Ｗｈｙ型**」（**理由探求型**）です。「なぜこうなっているのか」という理由そのものを問いかけるパターンです。

伊沢　「なぜ?」を突き詰めるとなると、非常に高度になりますね。

飯間　おっしゃる通りです。この「Why型」というのは、「なぜ」を答えるわけですから、自分で調査・研究をして、今までにないデータを取ることも必要になってきます。

以上のような「四つの型」をうまく使い分けることで、良いクイズ文が書けるようになると考えています。

伊沢　この視点があると疑問を解決する上でも役立ちますよね。

飯間　はい。自分が直面している問題は、「Yes or No」で考えればいいんだなとか、同じ問題でもいくつか選択肢が見えているのであれば「How」ではなく「Which」で考えよう、というようになります。

伊沢　この分解能があるだけで、結論部分の作り方が変わりますよね。

飯間　そうです。あらゆる問題は、結局この四つに分類されるんです。**「四つの型」を把握しておくと、自分の考えをより論理的に文章で表現できるようになります。**

クイズ文的な書き方からクイズ文的な思考へ

飯間　「クイズ文」は私が独自に編み出した理論のように思われるかもしれませんが、決してそんなことはありません。伊沢さんも「問題・結論・理由」という型を使ってクイズを作っていらっしゃいますよね。国語だけではなく、理科、数学、社会などあらゆる分野で、**何かを論理的に述べようと思ったら、この形式が必要になります。「問題を設定して、その結論を導き出す、さらにその結論が基づく理由を示す」。普遍的な原理なんです。**

伊沢　間違いないと思います。自分のなかで疑問を作っていくことができるようになると、もっとたくさんのものが見えてくるし、他の人と違った視点で世界が見えるようになる。**クイズ文的な文章の書き方からクイズ文的な思考に発展させることによって、自分らしい発見をすることができるようになるんだろうなと思います。**

具体例を挙げますと、第一二回アメリカ横断ウルトラクイズの東京ドーム予選で**「ペンギンもしもやけになる○か×か?」**という問題が出題されました。

飯間　ペンギンがしもやけになっていたら、かわいそうですよね。

伊沢　答えは「×」で、ペンギンはしもやけになりません。このクイズは、作問者の会議で出た「ペンギンってしもやけになるのかな?」という素朴な疑問から生まれたそうで、その場では誰も答えを知らず、調べてもわからなかったと。そこでわざわざ、いろいろな動物園の飼育員さんに聞きに行ったそうなんです。すると全員が「しもやけにならない」と回答。けれども、当時は理由がわからなかったみたいなんですね。ですから、ウルトラクイズに出題するとき、「理由は不明ですが、飼育員さんがそう言っていました」という理由で出題に至っているんです。つまり、科学的なファクトがないまま、飼育員さんの経験論で出題しているんです。

飯間　なるほど。動物園の飼育員さんたちの証言を集めるというのも、一種のケーススタディー(事例研究)であり、根拠にはなっていますけどね。

伊沢　後年研究が進むと、どうやらペンギンの指先には「ワンダーネット」という網目状の毛細血管が張り巡らされていて、このワンダーネットが冷たい血液を温めるはたらきをしているので、しもやけにならないということがわかったようです。**まさに科学的疑問が解決される過程をウルトラクイズが問題にしてしまったんです。**

飯間　科学者の思考を先取りしてしまった。

伊沢　「ワンダーネット」の例のようにクイズ文的な書き方をクイズ文的な思考に発展させることによって、さまざまな勉強や研究がはかどるんじゃないかなと先生の著書を読んで感じました。

飯間　たしかに「ペンギンがしもやけにならないのはなぜだろう？」と考えてそれを探求していくと、科学論文になりますからね。その後にそういう研究が行われたんですからね。現に、後にそういう研究が行われたんですからね。そのクイズは、問いの立て方が非常に良かったですね。

伊沢　はい。「ペンギンはしもやけになるのか？」という問題と、「ペンギンはしもやけにならない」という結論があって、まだそこには理由の部分がなかったわけですよね。だから、理由の部分を探す、という思考になる。後に新たな研究が生まれて新しい発見があったという点では、**「問題・結論・理由」の三つのパートがあり、いまどこが空欄なのかという意識を持っていることが「思考のフォーマット」としてとっても役に立つと思っています。こういったクイズ文的なものの見方ができるようになるだけで、論理的に考える力もついてくるんじゃないでしょうか。**

飯間　同感です。自分で「なぜこうなるんだろう？」という問題を探してくる能力は大切です。理由を論理的に考えるためには、自分の主観であれこれ言っているだけではダメで、実際のデータを集めなければなりません。信頼できるデータを探すスキルも、非常に重要ですね。

伊沢　はい。「主観を排する」とはまさにクイズでいう一意性を担保するということに他なりません。理由を論理的に考えることは、どんな場面においてもスキルアップにつながると思います。

――クイズ文には、「問題」をまず伝えることで相手の関心をうまく引きつけて、その後に続く結論や理由といった情報を受け入れる準備をさせる効果があるのではないでしょうか。

飯間　「問題・結論・理由」という要素が揃っているだけでは、必ずしも受け手（読み手・聞き手）の関心を引くことはできません。先ほどの「ペンギンはしもやけになるの？」は受け手の関心を強くつきつけるいい問題になっています。一方、「なぜ私は痩せられないのか？」ということについて文章を書いても、個人的すぎて「関係ない」と受け手の関心を引かない可能性があります。つまり、**「問題・結論・理由」の三要素が揃っているだけでは不十分で、受け手の関心を引くような問題設定をすることが出発点になるのです。**

伊沢　そうですね。「なぜ私は痩せられないのか？」を受け手に読ませるとしたら……元プロ野球選手で大活躍した人が最近太ってしまったとして、その人がなぜ痩せられないのかを自分の名前のタイトルで書いたとしたら、少しは価値あるクイズになると思います。

飯間　センス・オブ・ワンダー（不思議さの感覚）を誘うからでしょう。

伊沢　そうですね。ワンダー（不思議）を作るのはとても大切だと思っています。元プロ野球選手がその問いかけをすることで、多少の客観性が入ってくるわけですよね。**読み手と共有できることがワンダーに加わることで、疑問の立て方が決まり、相手に読ませるエンタメになるのかなと思います。**

飯間　筆者にしかわからない個別の事情で、「なぜ私は痩せられないのか？」と言っても、受け手には響かないのですが、誰にでも当てはまるように問題を捉え直せばいいんですね。「自分にも関係することだ」と受け手が思えば、積極的に読んでくれます。これはクイズでも論文でも同じことです。

伊沢　「なぜ、これがこうなっているんだろう？」という疑問そのものがワンダーで、その疑問を客観性という形で加工して初めて伝わる。僕は、**ワンダーが「食材」で客観性が「調理法」というイメージを持っています。**

飯間　まさに「調理法」ですね。

伊沢　QuizKnockというWEBメディアの編集長として、**徹底的に受け手視点に立っていないと、クイズをエンタメ化しきれないなと考えています。**ですから、クイズを作問するときは、「ホスピタリティー（思いやり）」を重要視しています。

例えば、「なぜ、オーストラリアの首都がキャンベラなのか？」というタイトルの記事は出しません。「なぜ、オーストラリアの首都がシドニーではないのか？」ならOK。素材は明らかに「キャンベラなのはなぜ？」ですが、素材の味を最大限生かすためには「シドニーではないのか？」に味付けしてあげるのが良いと考えています。シドニーが有名だし、誤解も多いですから。**クイズ文のフォーマットで面白く見せるなら、客観性というスパイスを加えてあげる必要があります。**

さらにクイズ文を作る前の段階で、良い発見をするために「単純な驚き」をストックしておく必要があると考えています。先生の著書『ことばハンター』（ポプラ社）にもあるように、僕も街で写真を撮りまくっているのですが、そういった習慣づけからも良いワンダー、良いクイズ文が出てくるはずです。

飯間　**自分が驚いたり、「これは困った」と思ったりしたときの感情を大事にすると、それがいい問題につながっていきます。**学生はレポートを書くだけで精一杯で、どうやって読者に興味を持って読んでもらうかまでは手が回らないことが多いのですが、社会に出てから書く文章は、「読者に読んでもらってなんぼ」です。取引先、一般の顧客、さらには世の中の人々など、多くの人にどんどん読んでもらって、自分の目的を少しでも実現に近づけなければならない。

そこで特に必要になるのは客観性です。「わが社では、今回新製品をこんなに努力して作りました、大変でした」という文章を書いても、受け手には響きませんよね。

伊沢　それだけでは、受け手に関係ない情報だけになってしまいますね。

飯間　「この商品はあなたにこんなにも関係があるんです」「あなたの役に立つんです」という展開になって、初めて読んでもらえる文章になります。

論文の場合も同じです。外国で起きている非常に深刻な問題を考察して書いたとしても、それだけでは、その問題にももともと関心がある人しか読んでくれない。**問題を一般化して、**

受け手に「自分ごと」だと感じさせることが重要です。

伊沢　はい。クイズ文的なフォーマットで判断していくことによって、「なぜこれを書くのか？」という自分への問いかけが大切になると思います。「なぜこの文章をいろいろな人に読んでほしいのか」という疑問をクイズ文的に解き明かせたら、文章を書くこと自体にいい判断ができるようになるはずです。**クイズ文的な思考のフォーマットを持つことは、文章を書く地点から有利になるのかなと感じます。**

――「自分ごと」だと感じさせる以外にも、受け手を引きつけるには「想像力」をうまくはたらかせるのが重要ですよね。テレビ番組の「緊急SOS！　池の水ぜんぶ抜く大作戦」（テレビ東京）がいい例だと思います。池の水を抜いたら一体何が出てくるのか、そして何かが出てきた後になぜそれがそこにあるのか想像力がはたらきます。

飯間　それはペンギンの例と同じで、受け手のワンダーをうまく引き出しています。池の水を抜くなんてシチュエーションは普通はあり得ませんが、実際に抜いてみるとそれまで池の中に何十年だか何百年だか眠っていた秘密が一気に暴露される。受け手のなかに強烈なセンス・オブ・ワンダーが生じる。問題が一気に「自分ごと」になって、引き込まれてしまう。

伊沢　**強烈なワンダーを持っている問いかけであれば一般化の努力なんかしなくても受け手や読み手の方から引き寄せられてしまう。**おいしいフルーツはそのまま食うのが一番うまい！　ということになりますね。

自分で疑問を見つけ出していくチカラ

伊沢　クイズは、「能動性」を作れるのがすごくいいところだと考えています。QuizKnockというサービスを立ち上げたのも、ニュースなどの情報を能動的に摂取する文化を作りたいと思ったのが発端です。**普段ニュースを流し読みしていたら記憶に残らない情報が、クイズにして「どうですか？」と聞かれるだけで「自分ごと」になってくるわけです。疑問の投げかけを他人にも自分にもできることは、一つの大きな能力なのかなと思います。**また、「疑問を見つけ出していく力」というのは、人を客観的に説得するための手段として非常に強いと考えています。僕は井の頭公園で「かいぼり」をしているところを何度も見ていたのに、池の水を全部抜くことがエンタメになるとは思わなかったんですよね。それが少し悔しいなと思います。

飯間　ディレクターは、相当独特なアイディアを持った方だと思います。

伊沢　日常のなかに潜むクイズを見つけておくことや他人に

客観性を与えようという目線を持っているというのは、文章を書く上でも大切だと考えています。なぜなら、**クイズ文にはワンダーと客観性が必要だからです。ワンダーはまさしく疑問の種だし、客観性も理由を解説するうえで必要な要素ですから、双方ともクイズ文に入ってくる。**こういった考え方で普段からものを見ていることによって、良い文章、良い疑問が立てられるようになると考えています。

飯間　ワンダーと客観性については、受け手を想定しているという点で共通していると思うんです。問題を設定するに当たっては、受け手にワンダーの感覚を持ってもらえるかどうかを、まず考えることが望ましい。関心を持たれそうにない問題なら、もっと一般化してみたりして、**関心を持たれるように問題設定をやり直してみる。それができれば「読まれる文章」になります。**もっとも、大学の授業でそこまで指導するのはなかなか難しい。半年間の授業ならば、学生は、ともかく自分の主張を論理的にまとめるだけで精一杯です（笑）。

発想の飛躍と説得力を作るエビデンス

――ここまでのお話で、クイズ文にもクイズにも共通して「発想の面白さ」が重要なのではないかと思いました。

飯間　発想の面白さは重要です。ただ、発想を飛躍させるだけでは感想文になってしまうので、説得力のある理由が必要です。

伊沢さん、突然ですが、「腐った団子」は何円でしょう?

伊沢　「九円」。なぜなら「食えん」からです。

飯間　正解です（笑）。これは、私がよく学生に出すクイズです。こんな短いクイズにも「問題・結論・理由」がある、ということを示したいわけです。

学生たちからはいろいろな答えが出ますが、「売れないから〇円」というのが多い。さすがに、もう少し発想力があってもいいと思います。一方、「一億円」と答えた学生もいました。理由を聞くと、メーカーが腐った団子を売ったら倒産の危機に瀕し、負債が一億円になるから、というのです。「マイナス一億円」ですね。これは正解ではありませんが、なかなか発想力がある。ただ、もしかしたら二億円、三億円かもしれないわけで、答えが一意に定まっていません。**発想を豊かに飛躍させることは必要ですが、クイズ文としては飛躍がないようにしなければならない。そこが難しいんです。**

伊沢　たしかに、飛躍を生まないような文章作りというのは、大切になってくると思います。とはいえ、発想の飛躍が生まれることは、とてもいいことだと思います。

飯間　そうですね。「腐った団子は一億円」という発想はいいんです。ただ、**受け手が納得できるように、しっかりとしたエビデンスを用意する必要があります。**

伊沢　なるほど。納得感を作ることが大切だと。

飯間　そうです。実際にこんなことはあり得ないのですが、例えば「A社が過去に腐った饅頭を売ったところ、×億円の負債を抱えて倒産した。また、B社も腐ったお菓子を売って、×億円の負債を作った。これらの事例から、今回の例も×億円の負債を抱えて倒産するだろう」などというエビデンスがあれば、納得感が生まれます。

伊沢　過去の事例がエビデンスとしてあると、「一理あるな」と思えますよね。

飯間　**飛躍してしまっているか、説得力を生むかどうかというのは、結局理由がちゃんとしているかだと考えています。**「×億円です」と答えるために過去の事例を時間もかけて調べるのは一苦労ですので、駄洒落で解決できる「九円（食えん）」というのが、もっとも手軽な答えではないかと思います。

伊沢　なるほど、「穴の開いた鍋は何円でしょう」→「二円（煮えん）」といった具合ですね。

飯間　ええ。「アルコールの抜けたビールは何円でしょう」→「四円（酔えん）」とか（笑）。

中高生へのアドバイス

――最後に「文章表現」に苦手意識を持っている中高生へアドバイスをいただけますか。

飯間　文章を書くことは、そんなに大したことだと思ってほしくないんです。

これまで私が話してきたことは、「型にはまった文章を書く」という、何だか創造性を縛ってしまいそうな手法です。「問題・結論・理由」という要素を明らかにして、「Ｙｅｓ ｏｒ Ｎｏ」「Ｈｏｗ」など四つの問題の型から選んで書くのですから、きわめて型にはまった文章ができてしまいます。でも、それが大事なんです。

「文章は自由に書きましょう」というのは間違っていませんが、そう言われても書く方は困ってしまいます。私はあえて**「文章は、型にはめて書こう」と言いたい。**あらかじめ型があるんだから、楽だと思いませんか？

型を意識せず、頭に浮かんだことをそのまま書いていくと、ユニークな文章にはなるかもしれませんが、読者に理解してもらえるかどうかは不明です。それよりも、「問題・結論・理由」という万人がわかる共通のフォーマットを活用して、考えていることを確実に受け手に理解してもらうことが必要です。

文章の型はあらかじめ決まっていても、あなたの考えが型にはまっているのではない。そこに盛り込むあなた自身のアイディアに独自性があれば、できあがった文章も個性豊かなものになるでしょう、ということです。

伊沢　そうですね。アイディアがオリジナルであれば、書き方は伝わるものを選んだ方が良いですよね。

飯間　自分だけのアイディアを、型にはめて書くということですね。「池の水を抜いたらどうなるんだろう？」というユニークな問題を考えたとしても、それをみんなに伝えるためには、「問題・結論・理由」のフォーマットに落とし込まなくてはなりません。

伊沢　私も同意見です。型にはまった文章を書き続けると、どんどん使いこなせるようになっていき、美しくなっていきます。「型破り」って、「型」があるから破れるというか。まずは定型を守る練習からですね。

例えば、フィギュアスケートのジャンプって、一つとしてまったく同じジャンプはないと思うんですが、アクセルとかルッツみたいな六種類に競技のルール上は分類されており、選手は意識して跳んでます。素人目には毎回違うように見えてただ美しいなと感じるものですが、実は全部型のなかで行われていますよね。優美なもの、こなれたものにも型はちゃんと存在して、逆に言えば何百何千と跳ぶなかで美しさを求め続けた結果、より自然なものになっていると思うので、文章もそれと通ずるものがあると考えています。

飯間先生のおっしゃるように、まずは型通りであることを恐れず続けるうちに、達人のような文章が書けるようになります。**型を恐れず、型という言葉のレッテルに惑わされずに、ぜひとも「クイズ文」のフォーマットを活用して、書く練習をしていただきたいです。**

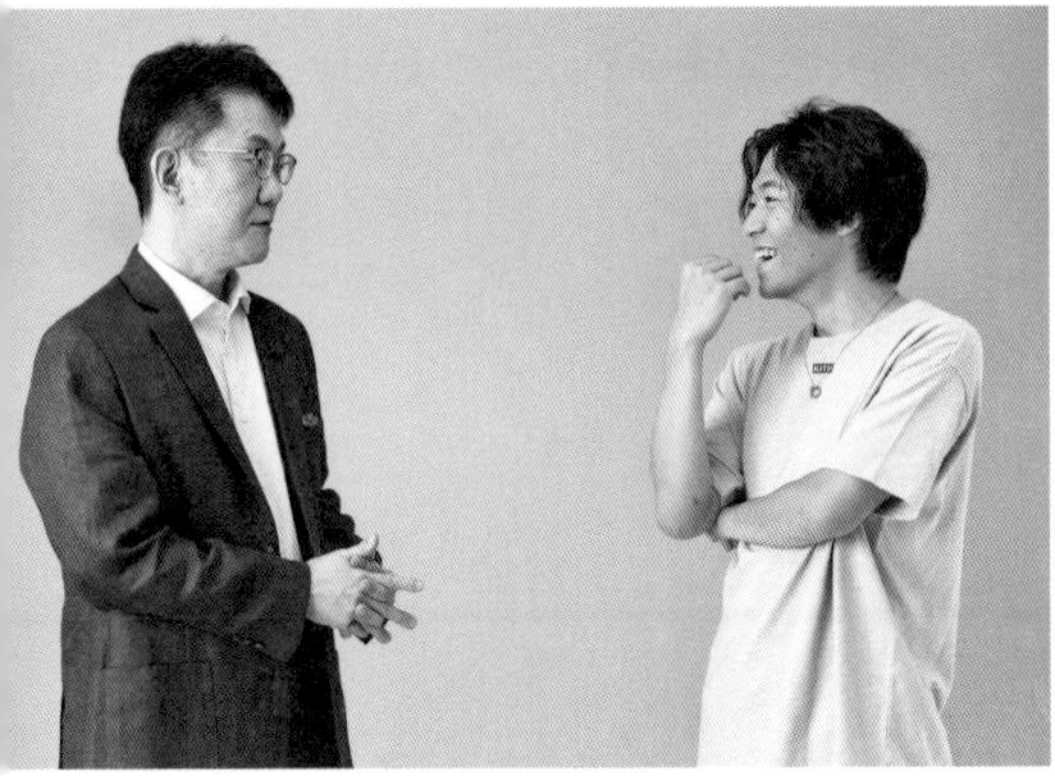

日本語学者　**飯間浩明**

プロフィール／いいま・ひろあき　1967年、香川県高松市生まれ。早稲田大学第一文学部卒業、同大学院博士課程単位取得。2005年『三省堂国語辞典』の編集委員に就任、第6版（08年）以降の編纂に関わる。著書に『辞書を編む』『ことばハンター』『知っておくと役立つ街の変な日本語』『日本語をつかまえろ！』などの他、文章読本として『非論理的な人のための 論理的な文章の書き方入門』『伝わる文章の書き方教室』などがある。

【著者】 **QuizKnock**（クイズノック）

東大クイズ王・伊沢拓司が中心となって運営する、エンタメと知を融合させたメディア。「楽しいから始まる学び」をコンセプトに、何かを「知る」きっかけとなるような記事や動画を毎日発信中。YouTubeチャンネル登録者は145万人を突破（2020年9月現在）。

QuizKnock
https://quizknock.com/

QuizKnockの課外授業《かがいじゅぎょう》シリーズ 02
文章《ぶんしょう》を読《よ》む、書《か》くのが楽《たの》しくなっちゃう本《ほん》

2020年10月30日　第1刷発行

著者　QuizKnock
発行者　橋田真琴
発行所　朝日新聞出版
〒104-8011　東京都中央区築地 5-3-2
電話（03）5541-8833（編集）
（03）5540-7793（販売）
印刷所　大日本印刷株式会社

ISBN　978-4-02-331904-2

定価はカバーに表示してあります。

落丁・乱丁の場合は弊社業務部（電話 03-5540-7800）へご連絡ください。

送料弊社負担にてお取り替えいたします。